현대 환경윤리에 대한
종교학적 연구

현대 환경윤리에 대한 종교학적 연구

소 기 석 著

한국학술정보(주)

책 머 리 에

Ⅰ. 이 책은 환경 자체가 하나의 종교적 현상으로 부상하고 있는 현실에 주목하고 그 종교학적 의미를 분석하고 고찰하려 노력하였다. 이미 그린피스의 창설자인 로버트 헌터(*Robert Hunter*)는 '종교로서의 생태학'이라는 표현을 썼고, 스코리모프스키(*Skolimowski*)도 그와 비슷한 맥락에서 생태학을 '우리 시대의 종교'라고 했다. 종교학자 김종서는 또한 '환경교(環境敎)'라는 용어로 이런 현대 환경논의의 현상을 분석한 바 있다. 이러한 이 책의 관점은 기존에 환경문제를 다루던 두 가지 접근방식과 근본적으로 다르다. 곧 근대 계몽주의적 세계관을 비판하면서 윤리의식을 강조하는 윤리적 접근이나 종교 전통 내부에서 생태학적 가치를 발견하려는 종교적 접근과는 상이하다. '종교적 접근'은 현대 생태학적 위기에 직면하여 각 종교 전통들 안에서 생태학적 가치들을 발견하여 그 문제를 해결하기 위한 대안으로 제시하려는 관점이라고 말할 수 있을 것이다. 이와 달리, 이 책의 고유성과 창의성이 담겨 있는 '종교학적 고찰'이란 용어는 기존의 '종교적 접근'과 달리 환경 논의 혹은 환경 운동 자체를 새로운 형태의 현대적 종교현상으로 인식하고 그 종교적 성격을 분석하는 관점을 뜻한다. 다시 말해 이 책은 현대의 환경 또는 생태 그 자체를 절대적이고 초월적인 신처럼 여기는 환경윤리의 종교적 요소들을 분석하고 그 의미를 규명하려는 학문적 작업이라 할 수 있다.

Ⅱ. 제2장 「현대 환경논의의 윤리적 접근」에서는 환경문제에 대한 과학·기술적 접근 대신 인식의 전환과 새로운 가치관을 모색한 환경논의들을 다루고 있다. 이러한 논의는 기본적으로 현대의 환경문제를 초래한 장본인으로 근대 계몽주의의 기계적 세계관을 지목하고 비판한다. 데카르트

가 정초하고 뉴턴이 완성한 기계적 세계관에서는 자연을 죽어있는 기계로 파악하기 때문이다. 현대 환경윤리학자들은 기계적 세계관의 자연에 대한 인식이 자연을 착취하고 파괴하도록 조장하였다고 본다. 그래서 낭만주의 사상가들은 근대 계몽주의의 도구적이고 인간중심적인 자연관에 대한 반동으로 자연을 있는 그대로 받아들이고 존중하는 감성적 태도를 중시하였다. 이들의 관점은 이후 미국의 초월주의 사상가들에게 많은 영향을 주었다. 그 중에 헨리 데이비드 소로(*Henry David Thoreau*)와 존 뮈어(*John Muir*)는 자연을 그 자신의 목적을 가진 목적적 가치로 보고자 하였다. 한편 피터 싱어(*Peter Singer*)와 같은 동물보호론자들은 도덕적 지위를 인간을 넘어서 고통을 느끼는 능력을 가진 동물에게까지 확대해서 부여할 것을, 현대 환경윤리의 아버지라 불리우는 알도 레오폴드(*Aldo Leopold*)는 그의 유명한 '대지윤리'에서 도덕적 지위의 범위를 동물뿐만 아니라 생태계의 모든 존재에게로 확대해야 한다고 주장하였다. 레오폴드의 유기체적인 자연관은 심층생태학자들에게 영향을 주었으며, 그들은 생태공동체의 건강성과 안정성에 우선적인 가치를 두었다.

Ⅲ. 제3장 「현대 환경논의의 종교적 접근」에서는 "종교와 환경"이라는 주제와 관련해서 논의를 전개하고 있다. "종교와 환경"이라는 주제는 현대 생태학적 위기의 배후에 기독교의 인간중심적인 창조관이 있다고 본 화이트(*Lynn White*)에 의해 그 논의가 촉발되었다. 화이트를 비롯한 많은 학자들은 기독교 대신 동양의 종교전통들 안에서 생태학적 가치들을 발견하여 현대 생태학적 위기를 극복하고자 하였다. 가령 힌두교의 일원론적 우주관에서는 인간과 자연을 하나의 전체적이고 통일된 존재로 파악하고 있으며, 불교의 아힘사(불살생) 정신에는 생명에 대한 외경이 담겨 있고, 유교의 음양오행사상이나 풍수사상은 자연과의 조화로운 삶을 강조하고 있다. 하지만 이런 동양 종교의 전통 안에서도 각각 소 숭배, 방생(放生), 장묘문화 등 부정적인 환경요인이 있음을 알 수 있다. 기독교의 경우, 한편으로

어거스틴(*St. Augustine*)과 오리겐(*Origenes*)을 비롯해서 루터(*Luther*)와 칼빈(*Calvin*), 현대 신정통주의 신학자들은 자연을 인간 구원의 배경이나 인간을 위한 도구로 보는 부정적 자연관을 갖고 있다. 다른 한편으로 이레나에우스(*Irenaeus*)를 비롯해서 성 프란치스코(*St. Francisco*), 현대 창조신학자들은 긍정적인 생태학적 전통을 세웠다. 이들은 자연을 인간의 동료 피조물로 파악하고 인간과 자연과의 친족성을 강조하였으며, 인간의 위치를 정복자가 아닌 청지기로 파악하였다.

Ⅳ. 제4장 「현대 환경윤리의 종교학적 고찰」에서는 현대 환경윤리의 종교학적 성격을 규명하고 그 종교학적 의미를 고찰하였다. 비교종교학자 요아힘 바하(*Joachhim Wach*)는 종교 경험을 신화적·제의적·공동체적 표현으로 구분하였는데, 현대 환경윤리 속에는 이러한 요소들이 확연하게 갖춰져 있다. 제임스 러브록(*James Lovelock*)의 가이아 가설에서 자기 조절적인 지구 생태체계를 그리스 대지의 여신 가이아(GAIA)로 설명한 것이나, 샐리 맥패그(*Sallie MacFague*)가 지구를 하나님의 몸으로 묘사한 점에서 신화적 요소를 볼 수 있다. 게리 스나이더(*Gary Snyder*)가 먹이사슬을 약육강식의 생존경쟁이 아니라 생명을 주는 성스러운 성만찬 의례행위로 파악하는 데에서 환경논의가 제의적 요소를 띠고 있음을 확인할 수 있다. 또한 그린피스의 창설자 로버트 헌터(*Robert Hunter*)가 자신들을 환경의 선교사 내지는 십자군으로 묘사한 것이나, 머레이 북친(*Murray Bookchin*)이 생태적인 이상 공동체의 건설을 지향하였던 점에서 공동체적 요소를 발견할 수 있다. 레오폴드가 인류의 생태학적 감성이 꾸준히 발전하여 생태계 전체에까지 확장되어 왔다고 주장하였는데, 종교학 연구의 역사를 보면 그동안 인간의 문제에 치중되어 왔음을 알 수 있다. 이제는 생태계 전체로 종교학의 연구 지평을 확장해서 새로운 초월과 구원의 형식을 이해해야 할 때가 되었으며, 이 책이 새로운 종교학적 지평을 여는 데 도움이 되기를 바란다.

목   차

제1장 서 론

1. 문제 제기와 연구

　현대 사회에서 전 지구적인 환경문제의 논의는 그 자체가 하나의 종교적 성격을 띠고 등장하는 새로운 양상을 보이고 있으며, 따라서 그러한 논의와 운동을 하나의 종교현상으로 인식하고 분석할 필요성이 대두되고 있다. 현대 사회의 환경위기에 대한 기존의 환경담론들은 대개 환경문제를 어떻게 해결할 것인가 하는 방법론에 치중하여 문제를 접근하였다. 그렇기 때문에 환경과 그것을 둘러싼 담론 자체가 갖는 종교적 성격, 곧 현대 사회의 새로운 구원론적 성격을 갖고 있다는 사실이 간과되곤 하였다. 예를 들어 이미 그린피스의 창설자인 로버트 헌터(*Robert Hunter*)는 '종교로서의 생태학'이라는 표현을 썼고, 스코리모프스키(*Skolimowski*)도 그와 비슷한 맥락에서 생태학을 '우리 시대의 종교'라고 했다. 종교학자 김종서 또한 '환경교(環境敎)'라는 말로 그러한 현상을 분석한 바 있다.

　이러한 접근들은 환경이 현대 인간의 삶의 조건에 근원적이고 절대적인 영향과 의미를 부여하는 종교의 지위에 다가가 있음을 반영한다. 말하자면 환경이 전 지구적 관심사로 부각되었고, 다방면에서 총체적으로 다루어야 할 핵심 주제가 되었다는 것이다. 그렇기 때문에 환경을 주로 문젯거리로 취급하는 기존의 논의들은 오늘날의 환경에 대한 인식을 제대로 반영할 수 없다. 환경을 종교로까지 인식하고 있는 현대의 현실을 이해하기 위해서 환경을 하나의 '종교적 현상'으로 보고 종교학적인 관점에서 다룰 필요가 있다는 것이 이 책의 문제제기인 것이다.

　미국의 기상학자 에드워드 로렌츠(*Edward Rorentz*)가 카오스 이론을 바탕으로 해서 설명하는 가운데 사용한 개념인 나비효과(butterfly effect)는 이러한 문제 제기를 가능하게 한다고 본다. 나비효과에 따르면, 미국 뉴욕의 센트럴 파크에서 나비 한 마리가 날개 짓을 한번 하면 그 파장이 중국 북경에서는 큰 태풍이 될 수 있다는 뜻이다. 이는 지구 어느 한 곳에서의 조그만 환경 파괴가 다른 곳에서 엄청난 재앙이 일어날 수도 있다는 말이다. 실제로 데이비드 윈게이트(David B. Wingate)라는 사람은 버뮤다슴새(cahow)를 보호하기 위해 애쓰고 있었다. 그러던 중 이 새의 새끼들이 알에서 부화되는 비율이 줄어드는 현상을 발견하고, 그 원인을 알아내기 위하여 아직 알 속에서 나오지 못한 새끼를 해부해 보았다. 그 결과 그 새끼의 세포조직이 살충제인 디디티(DDT)에 오염되어 있다는 사실을 확인했는데, 오직 대서양 한 가운데에서만 먹이를 구하는 그 새의 특성을 감안한다면 결국 디디티로 오염된 대지가 대서양 바다 한 가운데까지 영향을 미친 것을 확인할 수 있었다. 그만큼 환경은 특정 지역뿐만이 아니라 전 지구적인 상호 연관성을 갖는 문제임이 분명해졌다.

그러므로 이 책에서는 환경 혹은 생태계 자체를 일종의 종교로 보고 접근하는 현대 환경담론들에 관심을 가지고, 기존의 접근방법들과는 다른 '종교학적'인 시각에서 생태학적 위기를 다루고자 한다. 특히 과학적 입장이나 경제적 차원에서 다루어지던 생태계의 문제가 린 화이트(Lynn White)의 "생태계 위기에 대한 역사적 뿌리들"이란 논문과 레이첼 카슨(Rachel Carson)이 『침묵의 봄』이란 저서를 통해 다른 분야의 학계에 본격적으로 대두되었다. 그리하여 점차 윤리적 문제로 확대되기도 했으며, 더 나아가 종교계에서도 주요 관심사의 하나가 되었다.

그렇지만 이 책은 기존의 '윤리적' 접근 방법과 '종교적' 접근 방법과는 다른 '종교학적' 접근 방법을 다루려고 한다. 앞의 두 방법은 대개 환경문제에 대한 해결 방법에 초점을 맞추고 그 과정에서 윤리와 종교 교리를 활용한다. 우선 과학·기술적 연구에 기초한 '윤리적' 접근방법은 현대의 환경파괴문제를 단순히 자연과학적인 측면에서 접근하기보다는 더욱 근본

적인 문제, 즉 인간의 자연에 대한 태도 혹은 가치관에 더욱 중점을 두고
접근하는 방식을 말한다. 이 분야의 학자들은 공통적으로 현대 환경파괴문
제의 원인으로 근대 계몽주의 기계적 자연관을 지목하고, 그 대안으로
자연과의 감성적인 교감, 자연의 목적적 가치, 윤리의식의 확대 등을 제시
하였다. 둘째로, '종교적' 접근방법은 과학·기술적 연구에 기초한 기존의
윤리적 접근방법만으로는 점차 더욱 심각해지고 있는 현대의 환경문제를
제대로 이해하고 해결하는데 한계가 있다는 반성에서 나온 것이다. 이 분
야의 연구자들은 오히려 종교적인 관습으로부터의 생태학적 혁명이 필요
하다고 주장한다. 다시 말해 이러한 접근에서는 "종교와 환경"의 관계를
초점에 두고 개별 종교 전통이 환경이나 자연에 미치는 영향을 중시하며,
또한 종교 전통에 내재해 있는 생태학적 가치의 발굴을 지향한다.

　반면 이 책은 환경 문제를 다루는 현대의 종교담론이 갖는 종교적 양태
에 초점을 두고 분석하고자 한다. 곧 환경 자체를 종교로 인식하는 환경
담론을 종교학적으로 분석하고자 하는 것이다. 현대의 환경담론은 앞서 논
의된 접근방법들로는 더 이상 감당하기 힘든 새로운 국면에 진입하였다.
'환경'은 '초월'의 자리에서 모든 것의 판단 잣대와 심판자가 되고 있다.
현대의 자본주의 사회에서도 쾌적한 자연환경은 누구나 갈망하는 이상향
으로 상상되고 소비되고 있는 실정이다. 기존에 환경이 지배와 이용의 수
단에 불과한 대상이었다면, 현대의 환경담론에서 환경은 마치 절대자의 권
력을 누리고 있는 것처럼 보인다. 이러한 담론 속에서 '환경'은 인간의 논
의의 대상이라고 하기에는 너무나 커져 버렸고, 오히려 환경이 인간을 지
배하는 세상이 온 듯이 얘기된다. 그린피스의 창설자 로버트 헌터의 말대
로, 이 시대의 환경은 그 자체로 하나의 '종교'가 되고 있다.

　이 책의 목적은 이처럼 종교적인 성격을 띠고 새롭게 등장하고 있는
'환경'이라는 화두(話頭)를 하나의 종교적 현상으로 파악하고 이를 종교학
적으로 고찰해 보려는데 있다. 다시 말해서, 기존의 연구는 환경문제의 해
결방법에 초점을 두는데 비해, 이 책은 환경이 현대의 종교로서 등장하고

논의되는 담론의 상황이 종교학적으로는 어떠한 의미를 가지고 있으며, 현대 종교학적 방법론에 어떤 통찰을 제공해 줄 수 있는가에 초점을 맞추고 있다. 이를 위해 종교학자 요아힘 바하(*Joachim Wach*)가 제시한 종교경험의 세 가지 표현방식1), 즉 신화적 표현, 제의적 표현, 공동체적 표현에 비추어서 접근하고자 한다. '종교로서의 환경'에 대한 이해를 종교학적 관점에서 고찰하여 그 의미를 밝히려는 이 책의 시도는 전통적인 의미의 개별 종교를 넘어 이 시대에 학문적 담론의 형식으로 변형되고 있는 '종교'를 규명함으로써 현대인들의 새로운 구원론적 열망을 이해하는데 도움이 될 것이다.

2. 연구방법

이 책의 연구방법은 크게 다음의 네 가지로 설명될 수 있다.

① 주제적(Thematic) 연구방법
② 학제적(Interdisciplinary) 연구방법
③ 비교 문화적(Cross-Cutural) 연구방법
④ 재귀적(Reflective) 연구방법

---

1) 바하의 견해에 의하면, 종교 공동체의 기반은 종교경험에 반영되어 있는 궁극적 실재와의 영적인 만남이다. 궁극적 실재는 우리의 삶과 동떨어진 것이 아니라, 우리의 삶이 의존하고 있는 초월적 힘으로 이해된다. 그리고 그런 궁극적 실재에 대한 어떠한 종교경험도 문화적으로 표현되며, 그러한 표현에는 세 가지 주요 분야가 있다: 곧 <이론적인 것>, 즉 신화, 우주론, 인간학과; <실천적인 것> 즉 제의들과; 그리고 <사회적인 것> 즉 친교와 공동체이다.
Wach, J., The Comparative Study of Religions, edt., Kitagawa, J. M., New York and London Columbia University press, 1958: 요하힘 바하, 김종서 번역, 『비교종교학』, 서울: 민음사, 1994. pp.32-33.

첫째, 이 책에서는 주제적 연구방법론을 채택하고 있다. 이 책은 현장조사 중심이 아닌, 현대 환경논의에 있어서 중심이 되는 인물들과 문헌들을 몇 가지 주제별로, 이를테면 윤리적 접근, 종교적 접근, 종교학적 접근으로 나누어서 고찰하고 있다. 여기에서 종교적 접근과 종교학적 접근에 대한 혼동을 막기 위해 분명한 구별을 할 필요가 있겠다. 종교적 접근이라 함은, 각각의 구체적 종교적 전통들이 환경문제에 미치는 악영향은 무엇이었으며, 또한 이들 안에서 긍정적인 생태학적 가치들은 어떠한 것이 있는가를 고찰하고서 이러한 종교전통들 안에서의 긍정적인 생태학적 가치들이 오늘날 환경문제를 해결하는 데 어떠한 역할을 할 수 있을 것인가에 초점을 맞추고 있다. 반면에, 종교학적 접근은 현대 환경담론 자체가 갖고 있는 종교적 성격에 초점을 맞추고, 이를 하나의 종교적인 현상으로 바라보는 시각이다.

둘째, 이 책에서는 학제적 연구방법론을 채택하고 있다. 이 책은 어느 특정 한 분야에 치중하지 않고 지금까지 여러 분야에서 논의되었던 연구성과들을 종합적으로 검토하고 있다. 여기에서는 과학·기술적 연구 분야의 성과들은 논외로 하였다. 앞에서 현재 환경문제의 심각성에 대한 실태를 잠시 언급하는 것으로 만족해야 될 것 같다. 이들에 대한 연구 성과는 실로 방대한데다 이 책의 주제와 직접 연관되는 부분이 적기 때문에 구체적인 언급은 별도로 하지 않았다. 다만 참고문헌을 이용해서 이에 대한 자료들을 소개하였다. 그러나 되도록 윤리학, 철학, 문학, 종교학 등 여러 분야의 논의들을 종합적으로 살펴보고자 노력하였다.

셋째, 이 책에서는 비교 문화적 연구방법론을 채택하고 있다. 이 책은 동양과 서양 중 어느 한 특정 전통에 국한되지 않고, 동양과 서양 양 전통을 아우르고 있으며, 양 전통에 있어서 긍정적인 측면과 부정적인 측면들을 객관적으로 제시하고 있다. 사실상, 지금까지의 논의들은 서구 기독교의 부정적인 측면들에 집중하여 마치 서구 기독교만이 현대 환경파괴문제에 전적으로 책임을 지고 있는 것처럼 바라보는 시각이 주류를 이루었다. 그러나 여기에서는 동양의 종교적 전통들 안에서도 환경문제에 부정적인 측면이 있음을 지적하여 형평성 문제를 해결하고자 하였으며, 무엇보다도 동양과 서양을 물론하고 각각의 종교전통들이 지니고 있는 긍정적인 생태학적 가치들을 밝히는데 중점을 두었다.

넷째, 이 책에서는 재귀적 연구방법론을 채택하고 있다. 지금까지의 환경논의들은 자신들의 학문적 입장에서 환경문제를 바라보고 이러한 자신들의 입장이 오늘날 환경문제를 해결하는데 어떠한 역할을 할 수 있겠는가에 관심을 두었다면, 이 책은 재귀적 방법을 취하고 있다. 재귀적 방법이란 역으로 오늘날 환경논의들이 종교학적으로 어떠한 의미를 가지고 있는가에 더욱 관심을 기울이고 있는 것을 말한다. 다시 말하자면, 종교학적인 시각에서 바라볼 때 현대의 환경담론들이 대단히 종교적인 성격을 강하게 띠고 등장하고 있다는 점에 주목하는 입장이다. 도대체 엄청나게 쏟아져 나오고 있는 현대의 수많은 환경논의들이 종교학적으로 어떠한 의미가 있으며, 현재 답보상태에 있는 종교학적 방법론에 어떠한 활기를 넣어 줄 수 있을까 하는 문제의식을 가지고 재귀적인 방법으로 고찰하였다.

3. 이 책의 구성방향

위에서 서술했듯이, 환경 담론에 대한 기존의 연구방법과 이 책의 연구 관점은 큰 대비를 이루고 있다. 또한 기존의 연구방법 안에서도 윤리적 접근과 종교적 접근에 차이가 있다. 따라서 본론인 2장에서는 환경위기의 원인으로 지적되어 온 기계론적 세계관에 대해 검토하고, 그에 대한 반작용으로 발생한 낭만주의 운동, 그리고 그 영향 하에 일어난 생태학의 환경담론을 분석하고자 한다. 그리고 3장에서는 개별 종교 전통 안에서 발견할 수 있는 생태학적 가치와 함께 그 부작용의 측면을 균형 있게 살펴보고자 한다. 검토 대상인 개별 종교 전통으로는 서양과 동양을 걸쳐 해당 문명과 문화에 지대한 영향을 미친 힌두교, 불교, 유교, 기독교를 선정하였다. 이러한 검토는 예를 들어 한국 등에서 무반성적으로 유교 전통의 자연 중시를 절대화하는 경향을 반성하게 할 것이다. 다시 말해 서구에서 종교 전통의 생태학적 가치가 부각되는 맥락을 이해할 수 있음으로써 학문적인 자기반성을 하는데 참조가 될 수 있을 것이다. 4장에서는 환경 문제를 종교학적으로 접근하면서 신화적 요소, 제의적 요소, 공동체적 요소로 나누어 분석하고 있다. 이것은 비록 환경 담론이 개별적으로는 특정 부분을 강조하고 있더라고 전체적으로 '종교'의 요소를 다 지니고 있으며, 따라서 이 시대의 새로운 구원론의 역할을 환경 담론 자체가 수행하고 있음을 인식하기 위함이다. 우리는 인간 자신의 종교적인 열망이 환경 담론 속에 포함되어 있음을 학문적으로 검토함으로써, 깊이 있는 자기 성찰과 새로운 삶의 가능성에 대해 논의할 수 있을 것이다.

제2장 현대 환경논의의 윤리적 접근

오늘날 환경문제의 심각성은 굳이 그 사례들을 많이 들지 않아도 누구나 실감하고 있다. 인간 생존의 가장 기본적인 물과 공기조차도 환경오염에 노출되어 정화 장치를 통해서 식용하는 상황에까지 이르렀을 정도로 심각한 것이 환경문제다. 이미 이러한 환경파괴를 초래한 원인들에 대한 분석들도 다양하다. 그 중에서도 많은 학자들이 중요 원인으로 꼽고 있는 것이 근대 계몽주의 기계적 세계관이다. 기계적 세계관은 과학·기술의 발전의 토대가 되었을 뿐만 아니라 근대 산업사회의 비약적인 성장에 이론적인 정당성을 확보해 주었다. 기계적 세계관은 데카르트에 의해 정초되었고 뉴턴에 의해 완성된 근대 계몽주의의 자연관 내지는 세계관이다. 기계적 세계관이라 함은, 철저하게 정신과 육체, 이성과 물질, 인간과 자연을 이분법적으로 나누어서, 정신과 이성을 주체적 세계로, 육체와 물질을 객체적 세계로 이원화하였다. 특히 육체와 물질 혹은 자연과 같은 객체적 세계는 주체에 의해 조작되고 이용되는 죽어 있는 기계로 여겨진다. 주체는 기계라는 대상을 마음대로 조작가능하며 주체 자신의 목적과 필요에 맞게 사용할 수 있는 절대적 권한을 가지고 있다. 물론 주체는 이성을 가진 인간을 말한다. 이와 같이 이성을 가진 주체적 인간은 죽어 있는 기계적인 대상에 불과한 자연세계를 아무런 윤리적·도덕적 가치의 제재를 받지 아니하고 개발하고 착취할 수 있게 되었다. 이처럼 무소불위의 막강 한 권한을 가진 인간은 거대한 근대 물질문명을 이룩하였고 그 결과로 심각한 생태학적 위기를 불러오게 되었다.

그리하여 많은 환경윤리학자들은 더 이상 고삐 풀린 망아지처럼 오만방자하게 권력을 휘둘러 대는 인간의 행태를 그냥 두고 봐서는 안 된다는 심각한 반성과 문제의식을 가지게 되었다. 이들은 문제 원인을 근대계몽주의의 기계적 세계관에 기초한 오만하고 방자한 인간중심적인 세계관에 있다고 진단하고, 근본적인 가치관과 의식의 전환 필요성을 역설하였다. 이들에게 현재의 환경문제는 윤리적인 문제다. 다시 말해 자연환경에 대한 인간 자신의 인식과 태도와 관련한다. 인간에게 윤리적이고 도덕적 가치의 제재를 가할 필요가 있다는 것이다. 워즈워드나 블레이크와 같은 낭만주의 문학가들은 계몽주의의 냉철한 이성의 시각에서 바라본 자연에 대한 태도를 벗어나서 따뜻한 감성을 지닌 마음의 시각으로 자연을 바라볼 것을 요구하였다. 에머슨을 비롯한 미국의 초월주의자들과 이들의 영향을 받은 헨리 데이비드 소로와 존 뮤어와 같은 사상가들은 자연의 도구적 가치보다는 자연을 그 자체로 인정하여 자연의 본질적 가치를 고양시켰다.

한편 동물해방론자들은 도덕적 지위를 동물에게로 확대할 것을 주장하였고, 레오폴드의 대지윤리와 심층생태학자들은 도덕적 지위를 모든 생태계 공동체에로 확장하여 인정할 것을 역설하였다. 특히 로데릭 내쉬는 레오폴드의 대지윤리에서 주창하고 있는 도덕적 지위의 확대를 인간의 윤리적 의식의 진화단계로 도식화하기도 하였다. 환경윤리학자들이 이처럼 도덕적 지위의 확대문제를 중요시하고 강조하는 이유는 도덕적 지위의 부여가 인간이 그 대상에게 가져야 할 윤리적 책임과 의무를 지우는 것을 의미하기 때문이다. 사실상 고대 플라톤이나 아리스토텔레스와 같은 철학자들도 노예제도를 인정하고 노예들의 도덕적 지위를 인정하지 않았다. 따라서 노예는 주인의 개인 소유물에 불과하였고, 노예를 학대하고 매매하고 심지어는 죽인다고 해도 아무런 도덕적이고 윤리적인 책임이 없었다. 칸트와 같은 근대 철학자조차도 그 도덕적 지위의 한계를 이성적 인간에게만 국한시켰다. 그러므로 동물해방론자들이 동물에게도 도덕적 지위를 부여해야 할 것을 강력하게 주장하고 있는 것도, 동물 학대의 부당성을 뒷받침하는 이론적 기초가 되기 때문이다. 레오폴드는 대지윤리에서 도덕적 지위의 부여기준을 대지의 통합성, 안정성, 아름다움에 두었고, 심층생태학자들은 생태계 전체 공동체의 건강성에 두었다. 이러한 관점들은 인간 개체 중심주의를 벗어나서 생태 공동체 전체의 고통을 공유하고 책임감을 절감하도록 인도한다.

그렇다면 이제부터 이 시대 환경위기의 화두의 원인으로 지목받은 기계적 세계관의 인간중심주의, 그에 대한 반작용으로 나타난 낭만주의 등의 새로운 환경윤리, 그리고 동물뿐만 아니라 생태계까지 도덕적 지위의 확장을 주장한 현대 생태학의 입장들을 하나씩 살펴보자.

1. 근대 계몽주의의 기계적 세계관과 환경문제

1) 데카르트의 기계적 자연관

데카르트(R. Descartes, 1596-1650)의 이른바 기계적 자연관은 그의 이분법적 사고방식에 기초하여 발생한다. 데카르트는 "정신과 물체의 이원론을 제창"[2]하였다. 데카르트는 정신과 물질은 전혀 별개의 두 가지 서로 다른 영역이라고 말한다. 이러한 분리를 말할 때 사실상 그 초점은 물질에 대한 정신의 초월적인 성격에 있었다. 다시 말해 연장적인 물질에 의해 종속되지 않는 사유의 정신성을 확보함으로써 인간의 존재론적인 우월성을 주장한다.

> 이런 것을 고찰하면서 내가 처음으로 깨달은 것은 정신과 신체 사이에는 큰 차이가 있다는 점이다. 즉, 물체는 본성 상 언제나 가분적인데 비해, 정신은 전적으로 불가분적이다. 실제로 내가 정신을, 즉 오직 사유하는 것인 한에서의 나 자신을 살펴보면, 나는 이때 그 어떤 부분도 구별해 낼 수 없으며, 오히려 나를 완전히 하나이자 통합된 것으로

---

2) 國谷 純一郎, 『自然思想史』, 東京: 三和書房, 1977: 구니야 준이치로, 심귀득·안은수, 『환경과 자연인식의 흐름』, 서울: 고려원, 1992. p.188.

이해하기 때문이다. 그리고 또 내가 알고 있는 바로는, 정신 전체가 신체 전체와 결합되어 있는 것처럼 보이지만, 발이나, 팔, 그밖에 다른 신체 부분을 잘라 냈다고 해서 정신으로부터 어떤 것이 제거되는 것은 아니다. 나아가 의지 능력, 감각 능력, 이해 능력 등이 정신의 부분이라고 말해서도 안 된다. 하나의 동일한 정신이 의지하고, 감각하고, 이해하는 것이기 때문이다. 이에 비해 부분으로 나누어질 수 없고, 따라서 가분적인 것으로 인식할 수 없는 그 어떤 물질적인, 즉 연장적인 사물을 나는 생각할 수 없다. 이 한 가지만으로도 정신은 신체와 완전히 다른 것임이 충분히 드러난다고 말할 수 있다.3)

이렇게 정신과 물질 사이의 차이를 강조함으로써 데카르트 식의 사유는 물질과 자연, 그리고 자신의 육체를 정신에 종속되는 대상으로 설정할 수 있게 된다.4) 다시 말해 정신과 물질의 이원론은 단지 양자 사이의 차이만을 설명하는 것이 아니라 양자 사이의 위계질서를 정당화한다. 앨 고어는 또한 이러한 위계적인 이분법적 사고는 인간으로 하여금 자연에 대한 지배권을 갖게 해 주었다고 지적하였다.

새로운 근대인은 자연으로부터 눈을 돌리고, 우주 가운데의 모든 물질의 움직임을, 인간의 지성만이 바라보는 천공의 영역을 가리키고 있었다. 어딘가 천공에 떠 있으면서 육체를 떠난 지적 정신은 마침내 인간에게 자연을 지배하도록 하는 과학의 법칙을 조직적으로 간파하게 되는 것이다.5)

---

3) Des Cartes, R., Meditationes de Prima Philosophia, Amsterdam: Apud Ludovicum Elzevirium, 1642: 르네 데카르트, 이현복, 『성찰—자연의 빛에 의한 진리 탐구 프로그램에 대한 주석』, 서울: 문예출판, 1997. pp.117-118.
4) 찰스 커밍스(Charles Cummings)는 데카르트가 정신과 물질 사이의 차이를 강조함으로써 "물질계, 동물, 그 외의 인간 심지어 자신의 육체를 대상으로 보는 것이 가능해졌다"고 말한다. Cummings, C., Eco-Spirituality, New Jersey: Paulist Press, 1991: 찰스 커밍스, 정홍규, 『환경신학』, 서울: 성 바오로출판사, 1999. p.15.

한편 데카르트는 물질과 자연의 세계를 하나의 「기계」로 파악하고 있다. 곧 "톱니바퀴와 추로 되어 있는 시계가 잘못 만들어져서 시간을 정확하게 가리키지 않을 때에도 제작자의 의도를 완전히 충족시키고 있을 때 못지않게 자연의 모든 법칙을 정확히 지키고 있듯이, 내가 만일 인간의 신체를 뼈, 신경, 근육, 혈관, 혈액 및 피부로 잘 짜여진 기계로 간주하고, 정신이 이 속에 전혀 깃들어 있지 않아도 지금 내 신체가 의지의 명령 없이 행하는 운동 및 정신으로부터 야기되지 않은 운동과 동일한 운동을 이 기계가 하고 있다면 인간 신체도 자연의 법칙을 정확히 지키고 있는 것이다."[6]라고 말하고 있다. 이는 인간의 신체가 물질세계와 마찬가지로 자연적인 법칙에 종속되는 물질적 존재이며, 따라서 하나의 기계처럼 법칙을 따른다고 보는 입장이다. 이런 측면 때문에 프리드릭(Gerhard Friedrich)은 데카르트가 물질과 자연 세계를 하나의 기계로 파악함으로써, 인간의 자연에 대한 착취와 조작을 가능하게 해 주었다고 말한다.

> 인식된 객체로서의 자연에 대한 가치 평가와 그에 상응하는 자연에 대한 입장은 자연을 기술적으로 경제적으로 이용하도록 안내하였다. 자연은 인간이 계획을 시행하기 위한 현물로서 인간의 마음대로 되는 가능성이다. 자연을 이용하고 그것을 마음대로 변경시키는 것은 인간의 자유의지에 달려 있다. 생각하는 주체로서의 인간은 그의 뜻대로 되는 재료를 자유롭게 관리하는 구성자이다.[7]

프리드릭이 지적하고 있듯이, 사유의 주체로서 인간은 자신의 인간적인 가치와 위상을 내세울 수 있으며, 자연 내지 신체는 인간의 자유의지에 따라 조종하고 변경시킬 수 있는 구성 대상에 불과하다. 데카르트는 동물과

---

5) Gore, A., Earth in the Balance, New York: Houghton Mifflin Company, 1992: 앨 고어, 이창주, 『위기의 지구』, 서울: 삶과 꿈, 1995. p.258.
6) De Cartes, R., 앞의 책, pp.115-116.
7) Friedrich, G., "생태학과 성서", p.55. 이정배 편, 『생태학과 신학』, 서울: 종로서적, 1989.

같은 살아있는 유기체도 하나의 기계로 보았다. 다시 말해 인간 신체의 기계성은 단지 인간만의 성격이 아니라 동물과 같은 자연적 생명체에 통용되는 기본적인 성격 규정이 된다. 따라서 마치 물리학 법칙에 의해 현상의 모든 사건이 설명되는 물리학처럼, 인간과 동물의 기계성은 자연 법칙에 필연적으로 종속될 수밖에 없음을 말해준다.[8] 여기서 물질은 연장이요, 땅과 하늘은 동일한 물질로 되어 있다고 하는 데카르트의 사상은, 공간 내지 신적 혹은 마술적 세력으로 가득 차 있다고 보는 중세적 통념으로부터의 해방을 선언하는 것이며 그로인해 인간은 자연의 절대적 지배자로 군림하게 되었다고 볼 수 있다.

> 인간은 자신을 둘러싸고 있으며 자신을 산출시킨 자연을 하나님으로부터 빼앗아 철저하게 자신의 것으로 만들었다. 이렇게 하여 인간은 자연을 아무런 구속 없이 착취할 수 있게 되었다. 이후로는 인간이 전혀 주저할 필요 없이 자연을 마음대로 조작하고 착취하여도 무방하게 되었다.[9]

인용문에도 나오듯이, 이제 인간은 자연에 대한 지배권을 하나님으로부터 인간 자신에게로 돌려놓았다. 다시 말해 창조주의 지배 권능을 인간 자신의 이성적 사유능력으로 확보하고 행사할 수 있게 된 것이다. 따라서 인간은 창조주를 대신하여 마치 지상의 창조주로서 자연과 사물을 다룰 수 있는 우월적인 지위에 오른 것으로 정의된다. 인간의 고귀함을 정신을 통해 확보하는 단계를 넘어서 창조주의 지위로 자신을 격상시키는 사고 속에는 강력한 지배의지가 숨어 있다.[10] 이는 자기 정신 이외의 모든 타자

---

8) 프리드릭은 이 점을 다음과 같이 표현하고 있다. "모든 사건은 기계적인 필요성과 함께 생겨난다. 짐승들도 기계들, 즉 생명 없는 로봇 이외의 다른 무엇이 아니다. 만약 사람이 짐승을 때렸을 때 그것이 어떠한 소리를 낸다면, 인간이 오르간의 건반을 눌렀을 때 그것이 소리를 내는 것과 똑같은 기계적인 과정이 일어난 것이다." 같은 책.

9) 구경국, 『그리스도교 환경윤리』, 서울: 가톨릭대학교출판부, 2000. p.72.

를 그 자체의 역할이나 의미 차원에서 보지 않고 정신의 지배대상으로서
만 규정하는 오만함을 인간이 갖게 되었음을 의미한다. 그리고 인간의 이
러한 자기중심적인 사고는 자연을 죽어있는 기계로 그림으로서 그에 대한
착취에 어떠한 도덕적 책임감도 가질 필요가 없도록 길을 열어주었다. 이
윤재는 데카르트가 인간에게 자연에 대한 무소불위의 지배권을 부여함으
로써, 인간의 오만함과 극도의 이기심을 조장하였다고 말한다.

> 여기서 가장 참혹한 것은 자신 이외의 다른 자아를 배제하는 행위이
> 다. 여기서 타자라는 것은 방법론이나 인식론적으로 아무런 역할이나
> 의미도 지니지 못한다. 타자를 절대적으로 무시하는 자기중심적 사고
> 방식으로부터 마침내 자연뿐 아니라 비유럽 세계에 대한 가혹한 약탈
> 이 일어나는 것이다.11)

데카르트의 이러한 기계적 세계관은 근대 유럽인의 자연에 대한 태도를
형성하는데 결정적인 역할을 하였다. 프리드릭은 다음과 같이 단언한다.
"유럽에 사는 사람들이 세계와 환경에 대해 가지는 입장에 있어서 결정적
인 것은 성서의 진술들이 아니라 데카르트의 사상이다."12) 또한 슈퇴리히
(Störig)는 데카르트의 이러한 기계적 세계관이 이후 유물론자들에게도 많
은 영향을 끼치고 있음을 밝혀내었다.13) 데카르트가 대륙의 합리주의 전
통에 서서 자연에 대한 인간의 지배권을 찾고자 하였다면, 다음에 거론될

---

10) 그래서 프리드릭은 인간이 창조주의 자리를 대신하게 되었다고 개탄한다. "자
연과학의 등장을 통해서 창조주에 대한 신앙이 감퇴되었다. 그 때문에 인간은
더 이상 피조물에 대해 말하지 않고 자연에 대해 말하게 되었다. 인간이 창조
사상으로부터 자연을 분리시키고 기술자로서의 인간을 창조주 그리고 세계
의 새로운 형성자로 만들었을 때, 세계를 방해받지 않고 개발할 수 있는 길은
자유롭게 되었다." Friedrich, G., 앞의 책, p.56.
11) 이윤재, 『환경 휴머니즘과 새로운 사회』, 서울: 소나무, 1994. p.119.
12) 같은 책. p.54.
13) Störig, H. J., Kleins Weltgeschichte der Philosophie, Mainz: Benedict Press,
1970: 슈퇴릭히, 임석진, 『세계철학사 하권』, 경북 왜관: 분도출판사, 1978. p.60.

베이컨은 영국의 경험주의 전통에서 그 목적을 달성코자 하였다.

2) 베이컨의 도구주의적 자연관

베이컨(*Francis Bacon*, 1561-1626)의 자연에 대한 인식은 방법상 차이는 있지만, 데카르트의 자연에 대한 인식과 그 궤를 같이 하고 있다. 베이컨은 학문의 목적은 "여러 가지 발견과 발명을 통한 인간 생활을 풍부하고 윤택하게 하는 것"[14]이라고 밝혔다. "아는 것이 힘"이라고 그가 말했듯이, 그에게 세계에 대한 지식은 세계와 자연을 마음대로 다루고 지배할 수 있는 인간의 힘을 의미했다. 다시 말해 그는 인간 자신의 풍요로운 생활을 영위하기 위해 자신의 지식을 활용하여 자연을 복종시키고 착취하면서 이용할 수 있는 길을 열어 주었다. 이런 측면에서 구경국은 베이컨의 사유에 담겨 있는 인간 중심적 지배권을 다음과 같이 기술하고 있다.

> 베이컨은 인류가 자연과학과 기술의 도움으로써 자연 속에서 권력을 장악할 수 있으리라고 믿었다. 그러므로 그는 자연과학의 가장 큰 의미를 자연과학이 부여해 주는 능력에 의하여, 인간들이 아담과 이브의 타락으로 인하여 잃어버린 자연에 대한 낙원적인 지배를 되찾을 수 있다는 데서 찾았다. 이와 같이 베이컨은 '아는 것이 힘이다'라는 유명한 자신의 명제로써 가능한 모든 한계에까지 자연을 지배하는 것을 자연과학의 과제로 부여하였는데, 여기서 힘이란 자연을 복종시켜 마음대로 다룰 수 있는 능력을 말한다.[15]

---

14) Bacon, F., Novum Organum, USA via Bestun Korea Agency, Korea: Ency-clopaedia Britannica, Inc., 1990: 프란시스 베이컨, 진석용, 『신기관』, 서울: 한 길사, 2001. p.89.
15) 구경국, 앞의 책. p.65.

이렇게 자연을 마음대로 이용하고 지배하는 데에 자연과학의 목적이 있으며, 그러한 목적을 달성하기 위한 유용한 수단으로 자연과학적 실험이 중시된다.16) 다시 말해 실험은 단지 자연 과학적 지식 자체의 습득에 목적이 있는 것이 아니라, 그를 통해 인간 자신의 자연에 대한 지배력을 증진시키고 그럼으로써 윤택하고 풍요로운 인간 사회를 건설하는 데 그 궁극적인 지향점이 놓여 있는 것이다.

인간 중심적인 자연 지배를 정당화하기 위해 베이컨은 데카르트와 마찬가지로 인간과 자연을 철저히 분리시켜서, 인간은 우월한 존재이고 자연은 열등한 존재로 규정한다.17) 사실 인간과 자연의 이분법과 양자의 위계적 위상 설정은 동전의 양면과도 같다. 특히 자연을 기계적 입장에서 해석하는 경우에 인간이 자신의 정신적 우월성에 기초해 자연을 지배할 수 있다는 논리가 자연스럽게 도출되곤 한다.

베이컨은 자연으로부터 영적이고 신적인 요소를 철저히 제거하였다. 베이컨의 관점에서, 사람들이 영적인 교류를 할 수 있는 존재로 자연을 사유하는 것은 거짓되고 나쁜 신학이다. 자연은 오직 물리적인 필요에 의해 움직이는 기계일 뿐이다. 그는 산이나 강 같은 물리적 자연을 모두 죽어있는 것으로 보았다. 베이컨은 더 나아가 자연을 극도로 대상화시켰다. 하나님은 창조 세계 바깥에 존재하며 아주 극히 한정된 부분에만 개입한다. 인간

---

16) 구경국은 베이컨이 자연에 대한 지식을 얻기 위한 주요한 도구로서 실험을 선택하였다고 보고 이러한 도구로서의 실험의 성격을 다음과 같이 규명하고 있다. "자연은 실험 속에서 인간이 마음대로 분석한 세계에 대한 우리들의 관념들에 일치하게 된다. 정량화와 기하학적인 측량은 이러한 자의적이고 강압적인 결과를 계속해서 개념화시킨다." 같은 책. p.66.

17) 베이컨에 대한 킨슬리의 분석을 보라. "자연은 도덕적, 의식적, 이성적 측면에서 인간과는 도저히 비교될 수 없는, 하나의 기계에 불과한 것이다. 인간만이 오직 하나님의 형상을 갖고 있으며, 영혼을 부여받았다. 자연은 하나님의 형상도, 영혼도 갖고 있지 않다. 그것은 다만 인공적인 것에 지나지 않는다. 그러므로 인간은 자연과는 구별된 존재이며 자연을 초월한 존재이다." Kinsley, D., *Ecology and Religion*, New Jersey: Prentice Hall, 1995. p.127.

또한 속되고 생명이 없는 자연으로부터 구별되어 존재한다. 인간과 자연의 관계성을 가장 적절히 표현해 주고 있는 방식은 「나와 그것」의 관계성이다. 자연은 인간과 같은 자리에서 마주하고 대하는 존재가 아니라 죽어 있는 대상에 불과하기 때문에 '그것'이 된다. 이렇듯 자연을 기계적이고 영혼이 없는 물질로 봄으로써, 인간은 자연의 미몽에서 벗어나게 되고 자연으로부터 해방될 수 있게 되었다. 자연은 주관성이 결여되어 있으며, 인간의 다양한 목적들을 위해 연구되고, 조작되고, 개선되고, 착취될 대상에 불과하다. 킨슬리는 또한 베이컨에게 자연을 지배하고 착취하는 것은 인간의 운명 내지 목적이 된다고 까지 말한다.

> 베이컨은 인간의 운명은 타락 이전의 아담의 위상을 되찾는 것이라고 하였다. 이것은 아담이 타락 이전에 가졌던 세계에 대한 지식을 획득함으로써 가능하다는 것이다. 아담이 동물의 이름을 짓는 능력은 곧 세계에 대한 지배와 자연에 대한 그의 지식을 의미한다는 것이다. 이러한 지식은 아담과 이브가 선과 악을 아는 지식인, 도덕적 지식을 추구하였을 때에 상실되었다는 것이다. 그러나 베이컨은 인류의 미래운명에 대해 낙관적인 견해를 가졌다. 하나님의 형상대로 창조된 인간은 자연의 비밀들과 법칙들을 알아낼 수 있으며, 지식의 진보에 따라 자연의 지배자로서 하나님이 주신 역할을 재획득할 수 있는 능력을 갖게 된다는 것이다. 과학적 분석과 실험은 이것을 가능하게 해 준다고 베이컨은 단언한다.[18]

심지어 베이컨은 자연에 대한 인간의 지배는 하나님으로부터 부여받은 인간의 소명이라는 더욱 대담한 주장을 하였다. 그에게 인간은 자연을 구속하고, 개조하고, 그들의 기술적 수단을 가지고 조작하도록 부름을 받은 존재다. 간단히 말해서, 자연은 자신의 비밀을 감추고 있지만 그것을 캐내려는 인간의 의지에 결국은 종속될 수밖에 없는 수동적인 존재에 불과하

---

18) 같은 책. p.128.

다. 그러므로 자연은 고문하고, 면밀한 조사를 하고, 탐구함을 통해, 자신
의 의미와 법칙들을 인간에게 드러내도록 강요받고 있는 것이다. 베이컨은
그의 저서 『신기관』에서 인간이 지닌 세 가지 다른 명예욕의 단계들과 양
식들을 설명하면서, 자연에 대한 인간의 지배와 착취의 정당성을 극대화하
였다.

> 또한 인간의 명예욕의 단계를 세 등급으로 나누어 살펴볼 수 있을 것
> 이다. 첫째는 자신의 세력을 자기 나라 안에서 확대하려는 사람의 명
> 예욕인데, 이것은 하등의 천박한 명예욕이다. 다음은 자기 나라의 권
> 력과 지배권을 인류 전체에 확대하려고 하는 사람의 명예욕인데, 이것
> 은 품위는 좀 있지만, 여전히 탐욕의 한계를 벗어나지 못한 명예욕이
> 다. 그런데 인류 자체의 권력과 지배권을 우주 전체에 대해 수립하고
> 확대하려고 노력하는 사람이 있다면 이런 명예욕은 앞의 두 가지 명
> 예욕에 비하면 더할 나위 없이 건전하고 고귀한 것이라 하겠다. 자연
> 에 대한 인간의 지배권은 오직 기술과 학문에 달려 있다. 자연은 오로
> 지 복종함으로써만 복종시킬 수 있기 때문이다. ……하나님이 선물로
> 준 자연에 대한 인류의 지배권을 회복하고 그 힘을 행사하기 위해서
> 는 올바른 이성과 진실한 신앙의 인도를 받아야 한다.[19]

한스 요나스는 그의 저서 『책임의 원칙: 기술시대의 생태학적 윤리』에
서, 이러한 베이컨적 이상이 가지고 올 재앙에 대해 상세하게 논의하고 있
다.[20] 자신의 이성에 의해 자연에 대한 지배권을 절대시하면서 끝없는 오
만함을 부린다면 자신의 생존 토대 자체를 스스로 파괴시키는 결과를 초래
할 수 있다. 여기서 자연에 대한 지배권은 신앙 차원에서 정당화되고 있음
을 볼 수 있다. 바로 이런 면에서 우리는 놀랍게도 베이컨의 자연관에서,

---

19) Bacon, F., 앞의 책. pp.137-138.
20) Jonas, H., Das Prinzip Verantwortung-Versuch einer Ethik für die technolo-
    gische Zivilisation, Frankfurt: Suhrkamf, 1984: 한스 요나스, 이진우, 『책임의
    원칙: 기술시대의 생태학적 윤리』, 서울: 서광사, 1994. pp.241-242.

기독교의 창조론이 인간중심적이고 자연지배적인 성격으로 변모하고 있음을 발견할 수가 있다. 베이컨의 기독교의 창조론에 대한 변형된 해석 내지는 독특한 시각은 다음에 거론될 뉴턴의 자연관에서도 찾아볼 수 있다.

3) 뉴턴의 결정론적 기계론

뉴턴(*Isac Newton*, 1642-1727)은 데카르트와 베이컨과 마찬가지로, 세계를 하나의 기계로 파악하고 있다. 그는 저명한 물리학자로 자연 세계를 엄격한 자연법칙에 따라 움직이는 결정론적 세계로 규정하였다. 그에게 세계 안의 모든 자연적 존재는 인과적이고 필연적인 자연법칙에 종속된다. 이런 면에서 자연 전체는 자연법칙에 종속되어 있는 거대한 기계로 정의될 수 있는 것이다.[21] 그래서 커밍스는 더욱 강한 어조로 뉴턴이 이 세계를 결정론적으로 보았으며, 그 어떤 신비적인 요소도 제거함으로 인하여 기계적 세계관을 한층 더 밀고 나갔다고 주장하였다.

뉴턴이 중력법칙이라고 설명한 물질적인 대상들의 상호작용은 공간과 시간적으로 한정된 구조 내에서는 바른 순서로 생겨난다. 거대한 시계와 같은 우주는, 뉴턴이 무한히 현명한 시계 공으로 묘사한 창조주 하나님에 의해 결정된 예측 가능한 방식으로 움직인다. 하나님이 세상 창조 때에 그 시계의 태엽을 감았으며 그 시계는 그 이후에 꾸준히 믿음직하게 계속 시각을 알려 주고 있다. ……결국 세상에는 신비라는

---

21) 준이치로는 다음과 같이 말한다. "대개 기계라는 것은 요소로서 부품을 조립하는 것에 의해서 제작되는데 이 기계를 복잡화한 것이 생물체이고 그것이 바로 인간의 신체라는 것이다. 데카르트가 주장한 인간 기계론이 여기서 더 한층 철저하게 지지되고 있는 것이다. 그리고 인간을 포함한 자연 전체가 기계이고 이 자연은 요소로 분석될 수 있으나, 요소운동의 종합으로서 자연의 기계적 운동은 인과적·필연적으로 영위된다는 것이다." 國谷 純一郎, 앞의 책. p.198.

것은 없으며 경이 혹은 놀라움이라는 느낌을 일깨워 줄 만한 것은 어 떤 것도 없다.[22]

자연에는 더 이상 신비나 경이 같은 비이성적인 사건이 의미 있게 논의 될 수 있는 공간이 없다. 자연의 모든 존재는 정교하고 필연적인 자연법칙 에 따라 결정된 방식대로 존재할 뿐이다. 그러므로 뉴턴에게 있어서 자연 은 예견가능하고 상호호환적인 법칙들을 따르는 기계에 지나지 않는다.[23] 이리하여 뉴턴은 데카르트에 의해 정초되었고, 베이컨에 의해 발전된 이른 바 기계적 자연관을 완성하였다.[24]

우리는 이번 절에서, 데카르트에서 정초되어 베이컨에 의해 강화되었고, 뉴턴에 의해 완성된 기계적 세계관이 오늘날 환경파괴의 원인으로 지목되 는 인간중심적 세계관과 연관되어 있음을 살펴보았다. 그리고 이러한 기계 적 세계관은 기독교의 창조론에 대한 자의적이면서도 독창적인 해석에 기 인하고 있다고 할 수 있다. 다음에 거론될 새로운 윤리학의 모색은 기계적 세계관에 대한 반발이며 자연과 세계를 살아있는 유기체로서 바라보고자 하는 관점들이라 할 수 있다.

---

22) Cummings, C., 앞의 책. pp.16-17.
23) 아이언 바버(*Ian G. Barbour*)는 지적하였다. "뉴턴의 운동과 중력의 법칙은 작 업실 안에서 가장 작은 부분들로부터 가장 먼 지구에 이르기까지 모든 대상 들에 적용 가능한 것처럼 보인다. 이것은 중세시대에서처럼, 여전히 하나의 단일한 조화로운 질서이다. 하지만 이제 그것은 목적들의 위계질서라기보다는 힘들과 덩어리들의 구조이다. 그것은 정확히 예견가능하고, 상호호환적인 법칙 들을 따르는 복잡한 기계이다. 여기에 나중에 발전된, 결정론과 유물론철학을 위한 기초가 있다." Barbour, I. G., Issues in Science and Religion, New Jersey: Prentice Hall, 1966. pp.35-36.
24) 신덕룡은 기계적 세계관과 계몽주의의 만남이 이성에 기초한 인간중심주의적 세계관을 보편화시켰다고 진단한다. 『환경위기와 생태학적 상상력』, 서울: 실 천문화사, 1999. pp.34-36 참조.

2. 새로운 환경윤리의 모색

1) 낭만주의[25] 문학의 자연관

낭만주의 문학가들을 중심으로 계몽주의의 기계적 세계관에 대한 반성 운동이 일어났고, 그들은 새로운 환경윤리를 모색하였다. 가장 문제가 되는 지점은 자연을 죽어있는 기계로 보는 관점이다. 낭만주의자들은 자연을 그런 식으로 사물화해서 인식하는 것을 거부하고 인간과 교감할 수 있는 존재로 다시 자연을 살려내려고 노력하였다. 그리고 인간의 능력 가운데서도 분석적인 이성 능력보다는 감정과 상상력 등 자연과 교류할 수 있는 능력을 더 강조하기에 이르렀다. 이런 면에서 종교학자 김종서는 이러한 낭만주의 운동이 자연에 대한 서구적 태도에 새로운 시각을 제공해 주고 있음을 환기시켜 주었다.

18세기에 이르러 근대과학을 배경으로 등장한 산업적 기술은 더욱 자연의 지배를 실천하게 했다. 이쯤에서 환경은 순수자원으로 취급되고, 새로운 자본주의는 상업적 이익의 원천으로 자연세계를 취급하게 된다. 물론 이러한 근대과학기술의 기계적인 자연관에 대한 비판도 만만치는 않았다. 18세기 말부터 19세기 초에 이르러 블레이크(*Blake*), 워

---

25) 18세기 후반에서 19세기 중반까지 낭만주의는 인간에 대한 좀 더 전체론적인 관점을 회복하려고 했다. 낭만주의는 인간을 단지 기계로 생각할 수 없었다. 인간은 이성적 지성 이상의 존재이다. 가장 중요하고 가장 인간적인 것은 마음이다. 인간들은 주로 마음에서 우러나오는 감정, 열정, 선택 그리고 직관에 의해서 산다. 그들은 인간의 상상력과 자발성의 역할, 이상을 향한 인간의 진보를 강조했다. 낭만주의는 정치적 혁명과 산업혁명의 와중에서 생겨났다. 혼잡한 도시는 석탄 검댕이로 더럽혀졌으며, 공장 노동자들은 불결하게 살았다. 그 반대로 자연 그대로의 황무지는 여전히 대부분 오염되지 않은 채 그대로 있었으며, 위안, 치유, 아름다움을 제공해 주었다. cf) Cummings, C., 앞의 책. p.28.

즈워드(Wordsworth), 괴테(Goethe) 등 낭만주의 문학가들의 뉴턴적 과
학에 대한 반작용을 생각해 볼 수 있다. 자연은 기계가 아니라 인간성
이 합쳐지는 유기적 과정으로 여겨졌다. 하나님은 멀리 떨어져 있는
시계 제작자가 아니라 자연세계에 내재해 있는 활력 있는 힘으로 묘
사되었다. 또 이들은 이성적 분석보다는 감정과 상상력을 중시하고,
직관은 유기적 전체의 통일성과 생명들의 상호연관성을 파악할 수 있
다고 했다.26)

한편 루소(Jean-Jacques Rousseau)는 '자연 상태'라는 개념을 사용하여
인간의 과학기술로 더럽혀진 문명의 영향으로부터 벗어나는 피난처를 갈
구하였다. 그에게 자연은 진실 되고 공정하며 덕스러운 것인데 비해 인간
이 만든 사회는 인위적 욕구와 이기심을 강요하는 공간에 불과하다. 그는
인간의 삶이 자연과 조화 속에서 영위되어야 한다고 주장함으로써 문명사
회를 비판하고 순수한 본래적 본성을 지향하였다. 여기서 인간의 본래적
본성은 자연 그 자체와 연결되어 있다.27) 강재규는 낭만주의 문학가들의
자연관과 루소의 '자연 상태'라는 개념이 이후 미국의 초월주의자들 뿐만
아니라 심층생태학자들에게도 많은 영향을 주었음을 밝혀내었다.28) 낭만주
의 문학가들의 자연에 대한 재평가는 현대의 대표적인 생태사상가들 가운
데 한 사람인 소로의 자연관 형성에도 지대한 영향을 미쳤다.

---

26) 김종서, "과학과 종교, 그리고 환경", 김종서 외, 『종교와 과학』, 서울: 이카넷,
 2000. p.218.
27) "루소는 로크와 마찬가지로 사회적 삶의 형태와 반대되는 '자연 상태'라는 개
 념을 사용한다. ……인간의 본성에 관한 본래적 선은 자연 그 자체의 본래적
 선과는 분리될 수 없는 것이라고 할 수 있다." 서규선과 문종길 편, 『환경윤
 리와 환경윤리 교육』, 경기 고양: 인간사랑, 2001. p.154.
28) 강재규, 『자연과 인간의 공생을 위한 환경사상』, 서울: 지산, 2001. pp.72-73.

2) 소로의 생태학적 영성

소로(*Henry David Thoreau*)는 낭만주의 문학가들의 유기체적인 자연관
의 영향을 받아 자신의 생태학적 감성을 더욱 강화시켰다. 소로의 사상에
서는 ① 자연과의 연합, ② 근대 계몽주의의 기계적 세계관에 대한 비판,
③ 경제적 단순성이라는 세 가지 주제가 중요한 위치를 차지한다. 이러한
주제들에 대해 순서대로 살펴보면서 그의 생태사상이 갖는 특성을 검토하
고자 한다.

우선 소로는 전 생애를 통해, 자연과의 직접적인 연합에 대해 관심을 기
울였다. 그는 감정이입을 가지고 자연을 바라볼 때 자연으로부터 감동을 받
게 된다고 생각하였다. 그는 자연세계와 직접 접촉할 때에, 자아를 넘어서
서 무한히 확장되어 감을 느낀다고 말했다.[29] 그래서 소로는 숲길을 걸을
때에도 짧고 일상적이고 문명화된 걸음으로 걷지 않고, 더욱 길고 땅과의
강한 연대감을 가지고 천천히 걸었다. 그는 심지어 자연과 더욱 강한 접촉
을 하기 위해, 빗속에서 몇 시간 동안 이끼 낀 바위 위에 앉아 빗방울 소리
를 듣고 있기도 했고, 맨발로 진흙탕과 시냇물을 걸어 다니기도 했으며, 가

---

29) 도날드 월스터(Donald Worster)는 소로가 1857년 3월에 목초지를 산책하던 중
   에 느꼈던 자연에 대한 경외감을 술회하고 있는 내용을 소개하고 있다. "나는
   맨발로 움푹 파인 물웅덩이로 들어갔다. 그리고 내 발끝을 그 물웅덩이 깊숙이
   밀어 넣었다. 그때 나는 내 발 주위에서 교배를 준비하고 있는 수백의 열정적
   인 두꺼비집단을 발견하였다. 내가 걸어갔던 곳에서 두꺼비들의 연애하는 장면
   은 마치 큰 소용돌이를 일으키는 소리와도 같이, 목청껏 부르는 시끄러운 노래
   소리로 축제분위기를 이루었다. 나는 내 척추가 전율하고 그것에 압도당하는
   것을 느꼈다. 내 몸과 영혼의 모든 부분들이 커다란 흥분으로 서로 서로 뛰어
   오르는 것을 느꼈고, 두꺼비들이 수영하는 동안에, 이 자연주의자는 그의 손발
   이 새로운 힘으로 묶여지고 있는 것을 느꼈고, 그의 혼자 있음이 생기 있는 땅
   의 한 생명체에 의해 압도당하는 것을 느꼈다. 자연 안에서 그러한 생기 있는
   에너지를 느낄 수 있는 감각이 없다면, 인간은 소외되고, 심지어는 차갑고 둔
   한 자신의 몸뚱이로부터도 단절되어 있다는 것을 나는 느낀다." Worster, D.,
   Nature's Economy, Garden City, New York: Anchor Books, 1979. p.77.

까운 호수에서 알몸으로 수영을 하기도 하였다고 한다. 이렇듯 자연과 교감을 중시하는 그의 입장은 기성 기독교 비판과 연관되기도 한다.30)

소로는 한편으로 자연을 이해하는 가장 적절한 방법으로 자연과 일정한 거리를 두라고 가르친, 그 시대에 지배적인 과학적인 접근방법을 비판하였다. 소로는 자연에 대한 객관적인 접근은 자연의 내재적인 생동감과 성스러움을 파악하는 데 실패하며, 사물에 대한 불안전하고 좁은 시각을 갖게 한다고 생각하였다. 그는 객관적인 관찰보다는 자신의 감정을 신뢰하였을 때에 자연의 본질적인 의미를 더 잘 파악할 수 있다고 믿었다. 그에 따르면, 우리가 관심을 갖는 대상에 대해 초연한 자세를 유지하는 것은 자신과 대상의 상호연관성을 부정하는 행위이며, 결국 자연과의 연합을 향한 원초적인 충동을 부인하는 격이라고 역설하였다. 소로는 객관적이고 초연한 과학적 방법은 인간을 자신의 자연환경으로부터 괴리시키는 행위라고 생각하였다. 그는 자연에 대한 전체적인 의미의 파악의 중요성을 강조하면서, 자신의 월든 호숫가에서 생활하면서 느꼈던 월든 호수의 다양한 모습과 변화들에 대해 다음과 같이 술회하고 있다.

월든 호수는 똑같은 지점에서 보더라도 어느 때는 남빛으로 어느 때는 녹색으로 보인다. 하늘과 땅 사이에 가로놓여 있어서인지 이 호수

---

30) 킨슬리의 다음 발언을 참조하라. "우주의 생기 있는 에너지와 직접적인 연합으로부터 고립되어, 교회의 상자 안에 갇혀 있다는 것은 그에게는 큰 고역이었다. 그의 동시대 도시민의 기독교는 숲을 미워하는 종교를 고무시켰다고 비판하였다. 그는 도시민의 종교(기존의 기독교)를 무례하고 보기 싫은 얼굴이라고 서술하였다. 한편 그는 참다운 성례전이란, 예수의 상징적인 몸과 피를 먹고 마시는 것이 아니라, 자연의 축제 안에서 야생 열매들을 먹는 것이라고 말하였다. 소로는, 나의 종교는 히스(식물이름)와 삼림으로부터 영적인 자양분을 추출하는 것이라고 말하였다. 그는 기성종교(그의 표현대로 하자면, 기독교 야만인)는 수십 마일의 예배당, 마구간을 세우고 벽난로를 달구기 위하여 숲의 성전들을 마구잡이로 파헤쳐 놓았지만, 자신의 종교는 사람들에게 부드럽게 자연을 밟도록 하며, 종교적으로 낙엽들을 경배하게 한다고 하였다." Kinsley, D., 앞의 책. pp.144-145.

는 그 양쪽 색을 다 띠고 있다. 산꼭대기에서 보면 호수는 하늘의 빛깔을 반영한다. 그러나 아주 가까운 곳에서 보면 모래가 있는 호숫가에서는 누르스름한 색을 띠고, 그 옆은 녹색을, 그리고 호수의 중심부에 가까울수록 짙은 녹색을 띤다. 광선에 따라서는 산꼭대기에서 보더라고 호숫가 근처는 선명한 녹색을 띤다. 어떤 사람들은 이것을 나뭇잎의 빛깔을 받은 탓으로 돌린다. 그러나 봄이 되어 나뭇잎에 물이 오르기 전인데도 철로가 지나는 모래톱과 마주한 곳에서도 그와 같은 녹색을 띠는 것을 보면, 그것은 다만 남빛이 우세한 가운데 모래의 황색이 뒤섞인 결과인지도 모르겠다. 그러한 것이 이 호수의 무지개색인 것이다. 그리고 봄이면 호수 주변의 저지에서 반사되고 또 지면으로 전도되는 태양열을 얼음이 받아 먼저 녹아서 아직도 얼어 있는 호수 중심부 근처에 운하를 만들어놓는 이 부분도 호수의 다른 부분처럼 맑은 날 물결이 몹시 일어 그 표면이 하늘을 직각으로 되비칠 때에는 −아니면 이 부분에 빛이 더욱 뒤섞여 있는 탓인지는 몰라도− 좀 떨어진 곳에서 보면 하늘 그 자체보다 더 짙은 남빛을 띤다. 그런 경우 그 반영을 보기 위해 수면에 나와 찬찬히 살펴보면 비할 바 없는 그리고 식별할 수 없는 엷은 남빛을 볼 수가 있다. 그것은 물결무늬가 있는 혹은 여러 가지 빛깔로 변화하여 보이는 칼날을 연상케 해 주었다. 하늘 자체보다 더 하늘색을 띠고 물결의 이면의 본래의 짙은 녹색을 번갈아 나타내는데, 이것에 비한다면 본래의 짙은 녹색은 진흙 빛으로 밖에는 보이지 않는다. 내가 기억하건대 그것은 해지기 전 서쪽에 길게 뻗은 구름을 통해서 보이는 조각난 겨울하늘처럼 유리 같은 푸르스름한 남빛이었다.[31]

마지막으로 소로의 생태학적 주제를 논하면서 결코 간과할 수 없는 주제가 바로 경제적 단순성의 강조와 체험적 삶의 모습이다. 그는 자연세계와 연합하고 자신이 살고 있는 지역의 토양에 깊이 뿌리박음을 의미 있게

31) Thoreau, H. D., The Walden, Berkeley: Heyday Books, 1972. 헨리 데이비드 소로, 이 창배, 『숲속의 생활』, 서울: 금성출판사, 1987. pp.359-360.

해 주는 것은 경제적 단순성이라고 하였다. 소로 자신의 삶은 바로 이러한 태도에 대한 증거이다. 그는 가까운 들판에서 야생열매들을 따서 먹었고, 죽은 나뭇가지들을 모아 연료로 사용했으며, 작은 정원에서 야채들을 직접 가꾸었다. 소로는 충분히 가지지 않는 것보다 더 많이 가지려고 하는 것이 더 나쁜 것이며 더 추한 것이라고 하였다. 소로는 자연과의 연합과 동일화를 추구하면서, 자신의 직접적인 자연환경에다 자신의 삶을 맞추고자 하였다. 그는 스스로 욕구의 한계를 긋고 단순성의 윤리에 따라 살았다. 그에게 이런 경제적 단순성은 인간 존재를 영적으로 고양시켜주는 핵심적인 방안이었다. 소로는 자신의 이러한 경제적 단순성의 삶의 철학이 야생동물들의 삶에서 나온 것임을 다음과 같이 밝히고 있다.

> 이런 의미에서 많은 생물들에게는 단 하나의 생활필수품, 즉 식량이 있을 뿐이다. 대평원의 들소가 숲 속이나 산그늘에 거처를 마련하지 않는 한, 그에게 있어 생활필수품은 소량의 맛있는 풀과 마실 물이다. 야생동물은 먹을 것과 몸 둘 곳밖에는 아무 것도 요구하지 않는다.32)

요약컨대, 생태학적 친밀감을 성취하고 그들을 부양한 토양 안에 인간 존재를 근거지우기를 열망하는 소로의 철학은 경제적인 단순성과 자연세계에 자신의 삶을 맞추고, 자연에 대한 폭력을 최소화하는 영적인 통제를 요구한다. 소로는 인간의 품위는 경제적으로 단순하게 살고 자연에 대한 인간의 오만을 제어함으로써 갖춰질 수 있다고 생각하였다. 그의 이와 같은 생태학적 감수성은 미국의 국립공원 제정에 커다란 공헌을 했던 뮤어의 생태사상과도 그 맥을 같이 하고 있다고 할 수 있을 것이다.

---

32) 같은 책. p.250.

3) 뮈어의 야생 옹호

존 뮈어(John Muir, 1838-1914)는 소로가 자연과의 연합을 강조한 것과 마찬가지로, 자연 그 자체로서의 가치, 즉 야생성을 중시하였다. 그는 미국에서 거대한 면적의 야생지대와 국립공원을 제정하는데 크게 기여하였다. 뮈어 생태사상의 가장 강력한 주제는 '자연 그 자체로'이다. 뮈어는 자연의 가치를 인간의 필요와 관심에 따라 결정하는 인간 중심주의에 대해 강력하게 비판하였다. 이러한 인식은 그가 1864년 남부 캐나다 야생지에로 긴 여행을 하고 집으로 돌아오는 길에 휴론 호숫가에서 그가 생존에 한번도 못 보았던 아주 귀한 난초들을 극적으로 발견했을 때에 싹트게 되었다. 그 꽃들은 인간의 거주지 근처에서는 전혀 볼 수 없었던 것이며, 너무나도 사랑스러워서 그는 앉아서 눈물을 흘렸다. 뮈어는 나중에 이 경험을 떠올리면서, 그 꽃들이 인간존재와는 아무런 관련성도 없다는 것을 깨달았다. 그는 만약 자기가 그 꽃들을 우연히 발견하지 못했다면, 그것들은 인간의 눈에 띄지 않은 채 살아갔을 것이고 또한 여전히 꽃을 피웠을 것이라고 생각하였다. 뮈어는 이러한 경험에 비추어서, 자연은 무엇보다도 우선적으로 그 자신을 위해 그리고 창조주를 위해 존재하는 것이라고 결론 내렸다.33) 다시 말해 인간 중심에서 자연 중심으로 초점을 이동하여 인식하였다.

뮈어의 사상을 지배하는 또 다른 주제는 문명 비판이었다. 이는 앞서 말한 야생성 강조와 짝을 이룬다. 그는 문명을 비판하면서, 그것과 대립되는 것으로 야생의 우수성을 강조하였다. 그는 종종 길들여진 양에 대한 야생 양의 우월성을 언급하였다. 그는 길들여진 양은 겁이 많고 더러우며 '오직 반쪽의 삶을 사는데' 반해서, 시에라의 야생 양은 용감하고 우아하

---

33) 고트리브(R. S. Gottlieb)는 뮈어의 이러한 사상을 다음과 같이 반어적으로 표현하고 있다. "벌거벗은 사람들에 대해 그들의 입맛을 다시고 있는, 사람을 잡아먹는 동물들―사자들, 호랑이들, 악어들―은 어찌 된 일인가? 또한 수많은 독 있는 곤충들은 또 어찌된 일인가?" Gottlieb, R. S., This Sacred Earth-Religion, Nature, Environment, New York: Routledge, 1996, p.28.

며 생으로 충만 되어 있다고 주장한다. 그는 또한 야생 양의 털은 길들여
진 양보다 더 깨끗하고 품질도 더 우월하다고 주장하였다. 그는 인간도 이
와 마찬가지라고 말하였다. 그는 인간의 영혼은 문명화된 삶에 의해 질식
되었다고 밝히고, 인간존재들이 문명에 의해 구속되었을 때 자유로운 사상
이나 행동을 할 수 없게 되었다고 생각하였다. 뮈어는 또한 인간존재에 대
한 문명의 효과를 중국여자들에게 발을 묶는 전족(纏足)의 효과에 비견하
였다. 양자에게 있어서, 그 결과는 고통스러운 것이며 큰 타격을 주는 것
이라고 하였다. 결국 충만한 야생성과 자유가 인간의 문명에 의해 질식되
었다는 입장이다.

뮈어는 문명과는 반대로 야생의 자유로움을 찬양하였다. 그에게 문명과
야생의 이분법은 통상적인 것과 반대로 야생의 우월성을 주장하는 논리를
함축하고 있다. 뮈어는 인간은 광대한 기간 동안에 수렵과 채집이라는 자
유로운 야생의 삶을 살아왔으며, 문명은 인간의 역사에서 아주 늦게 나타
난 것이라고 말한다. 뮈어는 인간은 여전히 이러한 자유로의 복귀를 위한
깊은 갈망을 가지고 있다고 생각하였다. 인간은 자연과의 직접적인 접촉을
열망한다. 모든 인간존재 안에는 문명을 버리고 야생으로 돌아가려는 비밀
스런 갈망이 있다는 것이다. 그는 우리의 가장 깊은 열망을 발산해 주는
숲으로의 여행은 곧 고향으로 가는 것이라고 말하였다. 뮈어의 저작들에는
야생으로의 복귀를 찬양하는 다음의 글귀들로 가득 차 있다.

> 산에 올라 좋은 풍경들을 바라보라. 자연의 평화가 마치 나무에 햇볕
> 이 찾아오듯 당신에게로 불어 올 것이다. 바람은 당신에게 그들의 신
> 선함을 불어다 주며, 폭풍은 그들의 에너지를 가져다 줄 것이다. 그
> 동안에 당신의 걱정과 근심은 가을 낙엽처럼 사라지게 될 것이다.[34]

뮈어는 이 세상의 갖가지 질병의 원인들은 직접적으로 문명에서 온 것

---

34) Kinsley, D., 앞의 책. p.150.

이며, 야생의 강한 알약에 의해 치료받을 수 있다고 하였다. 그는 또한 우리가 신성에 이르는 가장 직접적인 길은 자연이며 야생이라고 주장하였다. 뮈어는 신적인 계시의 원천인 자연을 무시하는, 동시대 기성 기독교인들을 비판하였다. 뮈어는 신적인 계시로서의 성서와 '자연의 책'을 비교하면서, 한 친구에게 다음과 같이 썼다. "나는 내가 성서보다는 '만들어진 존재들'로부터 신의 능력과 선함을 읽는데 더 큰 기쁨을 갖는다는 것을 고백하네.35)" 그는 위스콘신 대학을 떠나면서, 나는 오직 또 다른 위스콘신 대학, 즉 야생의 대학을 위하여 한 대학을 떠나는 것이라고 말하였다. 뮈어는 야생의 광대하고 강한 아름다움, 그것의 절묘한 조화와 상호연관성, 그것의 거치른 힘과 권위는 성서나 문명 안에 있는 그 어떤 것들보다도 더 강력하게 신성을 반영하고 있다고 생각하였다.36)

우리는 앞에서 자연과의 직접적인 접촉을 통해 연대감을 강조한 소로와 야생성에 대한 깊은 관심에서 '자연을 그 자체로 느끼라'고 주장한 뮈어의 사유에서 낭만주의 문학가들의 외침소리를 들을 수 있었다. 다음에서 논의

---

35) 같은 책.
36) 뮈어는 "물의 음악"이라는 시를 통해 자연에 대한 존경심을 다음과 같이 감동적으로 표현해 주고 있다. "멀시드의 협곡 근원으로 들어가 보라. 그것의 수로들의 몇몇 부분들은 매끄럽고, 다른 부분은 거칠며, 이쪽은 경사지고, 저쪽은 수평적인 벽이 있다. 그리고 여기에는 모래벌판이 있고, 저기에는 움푹 팬 호수가 있다. 젊은 강들은 완만한 경사와 들판의 온화한 침묵의 아주 작은 특성만큼이나, 충성스럽게 더 큰 절벽과 가파른 경사지들을 이야기하고 노래하고 있다. 그러기 때문에 흐르는 물의 언어를 익힌 사람이라면 누구나 어둠 속에서도 그것의 특성을 볼 수 있을 것이다.
그 빙하들의 위대한 역사 앞에서, 산의 계곡은 모든 눈사태 혹은 지진과 눈에 관한 역사를 노래하며, 모든 것은 인간의 귀에 쉽게 인지되고, 아주 작은 수천 개의 다른 모습들과 함께, 떨어지는 낙엽과 물을 마시는 사슴들에 의해 모든 말들이 되살아난다. 인간의 귀로는 들을 수 없는 아주 낮은 목소리로 시냇물들에 의해 이야기된다. 그러므로 모든 사건들은 쓰여지고 발설된다. 눈 속에서 사슴이 길을 만드는 것처럼 새의 날개들은 하늘을 자국내고, 바람들은 그 모든 것을 알며, 우리가 그것을 듣든지 못 듣든지, 우리에게 이야기한다." Muir, J., "Water Music", Snyder, G., & Killion, T., edt., The High Sierra of California, Berkeley, California: Heyday Books, 2002. p.38.

될 생태학과 환경윤리에서는 환경문제에 대한 감성적인 접근보다는 윤리학적인 관점을 접할 수 있게 될 것이다.

3. 생태학과 환경윤리

우리는 앞에서 자연을 죽어있는 하나의 기계에 불과한 것으로 보았던 기계적 세계관과 이에 대한 반발로서 자연을 살아있는 유기체로 보고 감성적으로 접근할 것을 강조한 낭만주의 문학가들과 이들의 영향을 받았던 소로와 뮤어의 생태사상을 살펴보았다. 이번 절에서는 본격적으로 학술적인 접근을 다루고자 한다. 이번 절에서 거론될 생태학적 논의들은 대단히 체계적인 윤리학적 이론들을 기반으로 해서 전개된 사상들이다. 우선적으로 도덕적 지위를 인간을 넘어서 동물에게도 부여할 것을 주장하고 있는 동물 권리 보호론자들의 논의를 살펴보고자 한다.

1) 동물권리보호와 환경윤리의 확대

우리의 윤리의식을 인간을 넘어서 동물에게로 확장할 것을 요구하는 동물권리보호론자들에게 사상적 기반을 제공해 준 사람으로는 우선 영국 공리주의의 창시자인 벤담(*Jeremy Bentham*)을 들 수 있다. 그는 대륙의 합리론과 달리 인간의 이성적인 능력보다는 다른 존재의 고통을 함께 느낄 수 있는 공감의 능력에서 윤리적 가치를 찾고자 하였다. 그리고 이런 고통의 능력은 사실 인간에게만 한정되지 않고 동물에게도 통용될 수 있기 때문에 인간과 동물의 동일한 위상을 설정하는 데 중요한 기준이 된다. 그런 면에

서 구경국은 공리주의가 갖는 윤리의식을 다음과 같이 정리하고 있다.[37]

> 벤담은 윤리적으로 중요한 것은 생각하거나 말하는 능력이 아니라 고통을 느끼는 능력이라고 주장하였다. 이것으로써 벤담은 다 함께 환희의 상태를 최대한으로 만들고 불유쾌한 상태를 최소한으로 줄이려는 공리주의적 원칙으로부터 최초로 동물들에게 윤리적인 권한을 부여하였으며, 사람들에게 고통을 느끼는 동물들을 윤리적으로 고려할 의무를 부과하였다. 벤담과 연계하여 많은 공리주의자들이 19세기 시작한 이래로 고통을 느끼는 동물들을 예외 없이 윤리의 대상으로 포함시켰다. 고통을 느끼고 괴로워할 줄 안다는 점에 있어서 인간은 대부분의 동물들과 동일하다. ……이와 같이 느낄 수 있거나 괴로워할 줄 아는 능력은 항상 되풀이하여 인간과 동물 사이의 평등을 위한 근본적인 전제 조건으로 언급된다.[38]

오늘날 동물권리를 옹호하는 데 있어서 가장 저명한 사람들은 그들의 뿌리를 영국에서 동물보호를 위한 왕립사회를 창설했던 헨리 솔트(*Henry Salt*, 1851-1939)에게서 찾고 있다. 그는 사람들이 동물의 권리를 인정하지 않으려는 자세는 오직 동물과의 친족감 결여 때문이라고 주장하였다. 솔트는 동물은 고통과 아픔을 느끼는 감정 있는 존재들이며, 인간처럼 잔인하고 고통스런 처우로부터 자유로울 권리를 가지고 있는 것으로 간주하였다. 그는 동물에 대한 잔인한 학대는 인간과 동물 사이에 '커다란 간격'이 존재한다고 하는 개념에서 기인하는 것이라고 하였다. 다시 말해 양자 사이

---

37) 쿠르트 마르티(*Kurt Marti*)는 구약성서의 창조이야기 안에서도 동물의 지위에 대한 근거들을 찾아볼 수 있음을 밝히고 있다. Marti, K., Schöpfungsglaube-Die Ökologie Gottes, Stuttgart: Radius Verlag GmbH, 1983: 쿠르트 마르티, 이제민, 『창조신앙-하나님의 생태학』, 경북 왜관: 분도출판사, 1995. pp.53-54 참조. 또한 버크(*Charles Birch*)는 또한 유대-기독교 전통 안에 나타난 동물들에 대한 세 가지 인간 태도가 있음을 유형화하였다. Birch, C., Regaining Compassion-For humanity and nature, Australia: Chalice Press, 1993. p.92.
38) 구경국, 앞의 책. p.211.

에 건널 수 없는 존재론적인 차이를 설정함으로써 동물을 대상화해서 학대하면서도 그 고통을 공감할 수 없다는 말이다. 솔트는 동물에 대한 공정하고 정의로운 처우를 위한 기초는 모든 생명체들을 성스러운 것으로 보는 존경심이라고 하였다. 그는 사랑스럽고 성스러운 것은 인간의 삶만이 아니라 모든 순수하고 아름다운 생명들이며, 미래의 위대한 공화국은 그것의 혜택을 인간에게만 한정하지 않는 것이라고 말하였다.

솔트는 또한 인간이 동물에게로 권리를 확장시키는 것은 인간의 윤리적 성숙도를 나타내는 것이라고 하였다. 그는 인간은 여전히 도덕적 진화의 과정에 있으며, 그것이 성숙해져감에 따라 점차적으로 도덕적 지평도 확장되어갈 것이라고 말하였다. 그에게 인간이 동물을 잔인하게 다루고, 그들에게 기본적 권리를 확장하기를 거부하는 것은 인간 자신을 스스로 평가절하하는 것이다. 솔트는 인간의 도덕적 진화는 종국에 가서 인간과 같이, 동물도 기본적인 권리를 향유하게 되는 것이라고 하였다. 인간이 잔인성과 부정의로부터 해방될 때 동물 또한 해방될 수 있을 것이다. 솔트는 결론적으로 인간이 동물의 권리를 부정하는 자세는 곧 덜 인간적인 상태로 남아 있는 것을 의미하는 것이라고 진단하였다.

동물권리보호에 관한 윤리적 고찰을 함에 있어, 또 한 사람의 중요한 인물이 싱어(*Peter Singer*, 1946~)이다. 싱어는 그의 저서 『동물해방론』에서 현대의 '공장식 사육'의 실상을 알리는 데 큰 역할을 했다. 그는 현대인의 편의를 위해 동물들을 생산하는 과정에서 발생하는 비윤리적인 행태를 고발함으로써 동물해방의 새 지평을 열어주었다. 싱어의 동물해방운동의 출발점이라고도 할 수 있는 이 '공장식 사육'의 실상 중에서 송아지 고기의 사육 방식에 대해 간략히 살펴보자.

우선 송아지는 태어나자마자 얼마 안 가서 어미로부터 떨어져야 한다. 그리고 운동은 근육질을 발달시켜 고기를 덜 연하게 하기 때문에, 어린 송아지는 조그만 나무 축사에 감금된다. 이 축사는 매우 작아서 여기서 송아지는 한 바퀴도 돌 수 없고, 심지어는 앉을 수조차 없다. 송아지는 여기서 16주라는 그의 전 생애를 보내게 된다.

정상적인 고기는 피 안에 철분을 포함하기 때문에 빨간 색을 띨 수밖에 없다. 소는 풀과 건초로부터 철분을 얻는다. 이를 막기 위해서 소는 체계적으로 철분이 없는 식단을 먹게 된다. 달리 말하면 소는 인위적으로 빈혈로 만들어지는 것이다. 물론 너무 빈혈이 되면, 죽기 때문에 적절한 식단이 필요하다. 살 수 있을 만큼 철분이 있고, 또 고기와 피가 빨갛지 않도록 철분이 많아서도 안 된다. 사실 고기가 핑크 빛이라고 해서 맛이 좋아지는 것은 아닌데도, 이 모든 것이 행해지는 것이다. 성장 속도를 빠르게 하고, 동시에 식단을 통제하기 위해, 분말 우유를 액체로 만든 식단과 비타민, 그리고 성장 촉진제를 먹인다. 이것이 송아지가 살아생전에 먹는 것의 전부이다. 송아지가 가능한 한 많이 이 식단을 먹게끔 하기 위해서, 송아지에게는 물도 주지 않고, 축사도 덥게 한다. 송아지는 결국 갈증을 해소하기 위해서도, 이 식단에 눈을 돌릴 수밖에 없다.39)

싱어는 송아지 고기가 인간의 식단에 이르기 위해 거의 만행에 가까운 비윤리적 행위를 송아지에게 가해진다고 고발하고 있다. 이런 과정에서 송아지는 철저히 인간의 식욕을 충족시키기 위한 도구에 불과할 뿐, 우리 인간과 같이 어떤 윤리적 가치를 지닌 존재로 대접받지 못한다. 싱어는 이 과정에 대한 그의 서술을 다음의 문장으로 끝맺는다. "힘겹고 낭비적이기도 한 고통스런 송아지의 사육 과정이 오로지 창백하고도 연한 고기를 좋아하는 사람에게 팔기 위한 것이라는 점을 독자들이 인식한다면, 더 이상 설명이 필요 없을 것 같다."40)

싱어는 '유정성'과 '이익관심'의 기준을 가지고 그의 동물해방론을 전개

39) Des Jardins, J. R., Environmental Ethics, Singapore and the United Kingdom: International Thomson Publishing Asia, 1999: 데자르뎅, 김명식, 『환경윤리』, 서울: 자작나무, 1999. p.190.
40) 같은 책.

하였다.41) 그는 우선 모든 이익관심은 동등한 대우를 받아야 한다는 기본
적인 전제에서 그의 논의를 시작한다. 여기서 싱어는 고통을 느낄 수 있는
능력을 중시하는 공리주의자 벤담의 말을 인용하여 자신의 견해를 뒷받침
하고 있다.

> '중요한 것은 이성을 갖는 것이나, 말을 할 수 있는 것이 아니라, 고통
> 을 느낄 수 있는가이다.' 고통과 쾌락의 감수 능력이 이익관심을 갖는
> 전제조건이 된다. 그것이야말로 누군가 이익관심을 갖고 있다고 말해
> 질 수 있기 위해서는 만족되어야 할 조건이다. 어린이가 길가에 있는
> 돌멩이를 발로 찼다고 해서, 돌멩이의 이익관심이 손상되었다는 것은
> 넌센스이다. 돌멩이는 고통을 느낄 수 없기 때문에, 이익관심을 가졌
> 다고 할 수 없다. 고통과 즐거움을 느낄 수 있는 능력은 어떤 존재가
> 이익관심을 가진다고—최소한 고통당하지 않을 이익관심을 가진다고—
> 말할 수 있는 필요조건일 뿐만 아니라 충분조건이다. 예를 들어, 쥐는
> 발에 채이지 않을 이익관심을 갖는다. 발에 채 인다면 쥐는 고통을 느
> 낄 것이기 때문이다.42)

싱어는 이익관심이라는 조건을 충족시키기 위해 유정성이라는 조건을
필요로 하였다. 그는 유정성(有情性)이란 개념을 쾌락과 고통을 느끼는 능
력을 지칭하는 것으로 사용한다. 이익관심을 갖기 위해서는 유정성이 필수
적이다. 그는 또한 쾌락과 고통의 감수성이 이익관심을 갖기 위한 충분조
건이라고 믿는다. 쾌락과 고통의 감수능력을 갖고 있는 존재라면 적어도
최소한의 이익관심, 즉 고통을 당하지 않을 이익관심을 가지고 있기 때문
이다. 싱어에 따르면, 오직 유정적 존재만이 이익관심을 지니기 때문에, 유
정적 존재만이 도덕적 지위를 갖는다. 그리고 우리는 모든 유정적 존재를

---

41) 구승회는 동물의 도덕적 지위를 구분하는 기준으로 '유정성', '이익관심', '내
재가치', '다양성', '자연의 완전성'을 들고 있다. 구승회, 『생태철학과 환경윤
리』, 서울: 동국대학교출판부, 2001. pp.224-230 참조.
42) Des Jardins, J. R., 앞의 책. p.192.

동등하게 도덕적으로 고려할 책임이 있다.

하지만 그렇다고 해서 인간과 동물을 구분하지 말아야 한다는 것은 아니다. 인간과 동물은 다르다. 인간과 동물은 서로 다른 이익관심을 갖는다. 말의 등을 채찍으로 때리는 것은 말에게 고통을 야기하지 않으며, 따라서 특별히 비윤리적이지는 않다. 하지만 어린이의 얼굴을 채찍으로 때리는 것은 이와는 다르다. 인간은 정신적 능력을 가졌기 때문에, 그로 말미암아 어떤 행위에 대해서 인간은 동물보다 고통이 더 크다. 여기서 중요한 것은 고통을 감수하는 능력과 고통의 양이 도덕적인 것을 결정한다는 사실이다. 이성의 합리적인 분석능력이 아니라 고통을 느끼는 능력에서 도덕성의 기준을 찾았기 때문에 인간뿐만 아니라 동물에게 윤리적 대우를 할 수 있는 이론적 기반이 갖춰진 것이다.[43]

우리는 동물 권리 보호론자들이 도덕적 지위를 동물에게도 부여해야 한다고 하는 주장을 살펴보았다. 다음에 거론될 레오폴드의 대지윤리와 심층 생태학에서는 이러한 주장을 한층 더 밀고 나가서 동물뿐만 아니라 모든 생태계 전체에까지 도덕적 지위를 부여할 것을 요구하고 있는 것을 볼 수 있을 것이다.

---

43) 맥다니엘(*Jay B. MacDaniel*)은 생태학적 영성을 추구하는 기독교인들에게 동물들을 인식하는 다섯 가지 방식들을 제언하였다. "첫째로, 동물들은 다른 이들을 위한 가치뿐만 아니라 그들 자체로 그들 자신을 위해 가치를 가지는 것이라고 보는 방식이다. 둘째로, 동물들은 하나님의 사랑받는 친족적 창조물들이라고 보는 방식이다. 셋째로, 동물들은 하나님의 몸의 부분들이 되는 것이라고 보는 방식이다. 넷째로, 동물들은 우리가 하나님에 관해 배움을 갖게 해주는 영적인 안내자들이라고 보는 방식이다. 다섯째로, 동물들은 하나님의 형상을 지니고 있는 것이라고 보는 방식이다." MacDaniel, J. B., Earth sky Gods and mortals: a Theology of ecology for the 21st century, New York: Twenty-Third publications, 1994. pp.59-80.

2) 레오폴드의 대지윤리와 윤리의식의 확대

레오폴드(*Aldo Leopold*, 1887-1948)는 도덕적 지위를 생태계 전체에까지 부여해야 한다고 주장했던 최초의 사람이었다. 그는 생태중심 환경윤리의 발전에서 가장 영향력 있는 사람이라 할 수 있다. 그가 살아 있을 동안 생태학은 발전하기 시작했고, 그는 이 새로운 학문의 입장에서 윤리문제를 근본적으로 재고할 것을 처음으로 요구했던 사람이다. 그의 일생의 작업은 생태학과 윤리학을 통합하는 것이었다. 레오폴드는 장중한 문체의 소유자로 글을 많이 쓴 작가였는데, 그가 죽은 후에 출판된 『모래 땅 사계』는 환경운동의 가장 고전적인 저작 중의 하나이다. 이 책에서 가장 중요한 부분이 「대지윤리」란 논문인데, 이것은 생태중심윤리에 대한 체계적인 최초의 저작이라고 할 수 있다.

레오폴드의 사상의 발전은 포식자에 대한 인식의 변화와 맥을 같이 한다. 1915년 출판된 초기의 글에서 레오폴드는 포식자를 '해충'이라고 이름 붙이면서 포식자에 대한 환경보호주의적 입장을 보여준다. 다시 말해 포식동물이 목장주의 이익을 침해한다고 보고 실천적이고 포괄적인 계획을 통해 그것들의 감소를 추진할 것을 말했었다.[44] 그러다가 짧은 안목에서 저질러지는 사냥의 결과 오히려 생명 공동체 전체의 이익을 해친다는 인식의 변화를 겪게 된다. 가토우 히시다케는 레오폴드의 심경 변화를 다음과 같이 요약하고 있다.

어느 날 오후 당시 그는 삼림 관이었던 것이지만, 뉴멕시코 강이 멀리 바라다 보이는 벼랑 위에서 점심밥을 먹고 있었다. 두 마리의 늑대가 강을 건너는 것이 보였다. 그 당시, 늑대를 죽일 찬스가 있는데도 죽이지 않는다는 말은 들은 적이 없었다. 레오폴드 자신도 '늑대의 수가 줄어들면 사슴이 증가한다. 늑대가 없게 되면 사냥꾼의 천국이 된다'

---

44) Des Jardins, J. R., 앞의 책. p.289.

라고 생각하고 있었다. 그래서 총을 꺼내어 방아쇠를 당겼다. 어미 늑대에게 명중하여 쓰러뜨렸지만, 새끼 늑대는 바위 밭쪽으로 다리를 질질 끌면서도 도망갔다. 레오폴드가 쓰러진 늑대 옆으로 다가가 보니, 늑대의 눈 속에서 빛나는 푸른 불길이 사라져 가는 것이 보였다. 이 푸른 불길이 의미하는 것은 늑대도 사슴과 마찬가지로 이 지역의 생명공동체 속에서 중요한 역할을 다하고 있다는 것이다. 사실, 사냥꾼이 늑대를 지나치게 죽였기 때문에 사슴이 지나치게 증가하여 먹이가 충분하지 않게 되어, 많은 사슴이 아사하였던 것이다. 공교롭게도 늑대가 있었을 때보다도 사슴이 감소한 것이다. 레오폴드가 이 체험으로부터 도출한 결론은 '과도한 간섭은 긴 안목으로 보면 위험만을 초래하게 된다'는 것이었다. 이것은 생명공동체의 이익을 우선하는 것이 무엇보다도 중요하다는 것을 의미하고 있다.[45)]

　'생태의식(ecological conscience)'이란 새로운 관점이 수십 년간 발전해 오다가, 마침내 1940년 후반 레오폴드의 "대지윤리"에서 가장 완벽한 형태로 표현되고 있다. 생태의식은 자연을 도구적 가치로 보는 관점으로부터 자연의 내재적 가치를 인정하는 관점으로의 변화를 의미한다. 다시 말해 인간 중심적인 이익의 관점에서 자연을 처분가능하며 대체가능한 물건으로 다루기를 거부하고 자연 자체가 인간과 같은 윤리적 가치를 갖고 있는 존재라고 인정하게 된다.
　이러한 레오폴드의 생태학적 개종의 면모가 가장 잘 드러나고 있는 「대지윤리」는 오디세우스에 관한 이야기로 시작한다. 그것은 트로이 전쟁에서 돌아온 오디세우스가 열두 명의 노예를 비행 죄로 교수형에 처한다는 이야기이다. 노예는 재산으로 이해되었기 때문에 오디세우스의 행위는 비윤리적인 행위로 보이지 않았다. 이후로 윤리는 진화를 거듭해 도덕적 지위가 모든 인간에게 확대 적용되었다. 레오폴드는 윤리가 땅, 식물, 동물을

---

45) 加藤 尚武, 『環境と倫理』, 京都: 有斐閣, 1998: 가토우 히시타케, 한귀현, 『환경윤리』, 서울: 동남기획, 2001. p.172.

포함하도록 더욱 확대 적용될 것을 요구한다. 곧 인간의 윤리의식이 시간의 흐름에 따라 진화한다고 보고 그 적용 대상을 생명권, 곧 새, 토양, 물, 식물, 동물 등의 생명공동체까지 확대함으로써 윤리적 성숙을 달성할 수 있다고 주장한다.46)

레오폴드는 생명공동체의 온전성, 안전성, 아름다움을 보전하는 것을 도덕지위의 부여기준으로 제시하고47), 이러한 기준들을 총체적으로 표현하는 말로 '대지피라미드'라는 용어를 사용하였다. 그는 대지피라미드의 기본적 속성에 대해 다음과 같이 말하였다.

대지는 그러므로 단순한 흙이 아니다. 이것은 흙, 식물 그리고 동물이라는 순환을 통해 흘러가는 에너지의 원천이다. 먹이사슬은 에너지를 위층으로 올리는 살아 있는 통로이다. 죽거나 부패한 것은 다시 흙으로 돌아간다. 이 순환은 닫혀 있지 않다. 에너지는 부패를 통해 흩어지기도 하고 대기로부터 흡수·보충되기도 하며 일부는 흙, 토탄, 생명력이 긴 숲 등에 저장된다. 언덕 아래로 흙이 쓸려 가면 손실이 발생한다. 그러나 이것은 보통 작은 손실이고 그나마 곧 바위가 부서짐으로써 다시 채워진다. 흘러간 흙은 대양에 축적되었다가 지질학적 시간대의 어딘가에 새로운 대지와 새로운 피라미드를 형성하며 솟아오른다. 피라미드에서 에너지가 위로 올라가는 속도와 형태는 동식물 공동체의 복잡한 구조에 따라 결정된다. 나무의 수액이 그 복잡한 세포조직을 따라 흘러 위로 올라가는 것과 아주 똑같다. 이렇게 복잡한 구조가 없었다면 정상적인 순환은 아마 불가능했을 것이다. 여기서 구조

46) 로데릭 내쉬(Roderick Nash)는 레오폴드의 윤리의식에 기반하여 윤리의 진화를 역피라미드 모양으로 나타내었다. 다시 말해 전윤리적 과거→윤리적 과거→현재→미래라는 시간 축의 변화에 따라 윤리의 대상이 자아에서 가족, 부족, 민족, 인류, 동물, 생명, 돌과 바위, 환경으로 확대됨을 역피라미드로 그려 보이고 있다. 김종서, 앞의 책. p.222.

47) MacKloskey, H. J., Environmental Ethics and Environmental Policy, Melbourne: La Trobe University Press, 1982: 맥클로스키, 황경식·김상득, 『환경윤리와 환경정책』, 서울: 법영사, 1986. p.103.

란 구성 종들의 특정 수, 특정 종류와 기능을 의미하는 것이다. 그 복
잡한 구조가 한 에너지 단위로서의 원활한 기능과 밀접히 연결되어
있다는 것이 바로 대지 피라미드의 기본적 속성이다.[48)]

레오폴드의 대지윤리는 큰 반향을 불러 일으켰고, 많은 계승자들과 지
지자들이 있었다.[49)] 그 반면에, 그에 대한 비판 또한 만만치 않게 제기되
었다. 레오폴드의 대지윤리에 대한 비판은 크게 두 가지로 나눌 수 있다.
첫째, 생태학적 사실로부터 윤리적 가치로 나가는 것에 대한 비판, 둘째,
전체주의의 윤리적 함의에 대한 비판이 그것이다. 첫 번째가 '자연주의적
오류'에 대한 것이라면, 두 번째는 생태계의 본질에 관한 것이다. 다시 말
해 전자는 사실과 윤리의 연속성을 주장하는 문제점에 대한 비판이고, 후
자는 생명공동체 중심의 전체주의적 사유가 개체 생명체의 권리를 침해할
수도 있다는 점에 대한 비판이다. 특히 후자의 측면은 전체 생태계를 위해
서 개체의 희생을 용인하는 논리를 제공한다는 점에서 '환경파시즘'[50)]이라
고 비판받기도 하였다.

　이러한 비판에도 불구하고 레오폴드의 전체적이고 유기체적인 대지윤리
사상은 다음에 논의될 심층생태학 뿐만 아니라 많은 생태사상가들에게 지

---

48) Leopold, A., A Sand County, New York: Ballentine Books, 1970: 알도 레오폴
　　드, 윤여창·이상원, 『모래땅의 사계』, 서울: 푸른숲, 1999. pp.260-261.
49) 파멜라 스미스(Pamela Smith)는 대지윤리의 계승자들을 다음과 같이 정리하고
　　있다. "수잔 플레이더(Susan Flader), 제이 버드 캘리코트(J. Baird Callicott),
　　로렌스 존슨(Lawrence E. Johnson), 알렌 밀러(Alan Miler), 로버트 풀러(Robert
　　Fuller), 피터 웬츠(Peter Wenz), 로데릭 내쉬(Roderick Nash), 반 렌셀러 포터
　　(Van Rensselaer Potter), 그리고 홈즈 롤스톤 3세(Holmes Rolston III)는 레오폴
　　드의 대지윤리의 영향을 나타내 주고 있는 사람들이다." Smith, P., What are
　　they saying about environmental ethics?, New York: Paulist Press, 1997. p.47.
50) 레건(Tom Regan)은 레오폴드의 입장을 '환경파시즘'이라고 부르면서 비판하고
　　있다. "이러한 견해는 '생명 공동체의 온전함, 안정, 아름다움'이란 명분 아래
　　생명공동체의 이익을 위해 개체를 희생시킬 수도 있다는 것을 함축한다. 이런
　　점을 감안할 때, 개체의 권리 개념이 환경파시즘이라고 불리는 견해와 화해하
　　기는 어렵다." Des Jardins, J. R., 앞의 책. p.307.

대한 영향을 주었고 그로 인하여 '현대 환경윤리학의 아버지'라 불리 우고
있다. 그러나 레오폴드의 대지윤리가 생태계 구성원들 간에 상호관계성을
중시한 반면에 다음에 거론될 심층생태학은 생태계 공동체의 건강성과 안
정성에 더 가치를 두고서 논의를 전개하였다.

3) 심층생태학과 환경윤리

생태학과 윤리의 관계에 있어서 가장 극단적인 예는 그들 스스로 심층
생태학자라고 정의한 사람들의 사상이다. '심층생태학(Deep ecology)'[51]은
최근의 생태학적 지식이나 지혜에 기초한 철학적 혹은 윤리적 관점을 갖
는다. 이 분야에 대한 대부분의 저작들은 철학자들의 것이었고, 그 저작들
은 세계의 상호 연관적이고 관계적인 성격을 강조하고 있고, 실체에 대한
생태학적 관점들의 철학적 의미에 관심을 갖는다.

심층생태학이라는 용어는 노르웨이 철학자 아른 네스(*Arne Naess*,
1912~)가 그의 논문 『표층적, 심층적, 장기적인 생태운동』(1973)에서 처음
으로 사용하였다.[52] 그는 천박한 생태학(*Shallow Ecology*)과 대조시켜 생명
중심주의, 생명평등주의에 토대를 둔 심층생태학이라는 생태철학을 주장하
였다. 그는 단순히 지구 오염이나 자원고갈을 반대하는 자연보존운동은 개

---

51) 데이비드 킨슬리(*David Kinsley*)는 '심층생태학'이라는 용어를 두 국면으로 나
   누어 설명하였다. "첫째로, 그 이름은 공리주의적이고, 근시안적인 형태로서만
   생태학적 주장들을 하는, '표층적(Shallow)' 생태학과는 구별된다. 둘째로, 그
   이름은 실체에 대한 생태학적 관점의 근저에 있는 근본적인 주장들을 식별하
   고 설명하려는 시도와 관련된다." Kinsley, D., 앞의 책. p.184.
52) 세션즈(George Sessions)는 알도 레오폴드의 생태 중심적 '대지윤리'(*A Sand
   County Almanac*, 1949)→1962년 레이첼 카슨의 Silent Spring→70년대에서 80년
   대 사이에 주류 환경 기구들에 대한 반발로 생긴 그린피스와 지구 우선(Earth
   First!)으로 이어지는 심층생태운동의 역사를 개관하고 있다. Sessions, G., "Deep
   Ecology as Worldview", etd., Tucker, M. E., *Worldview and ecology: religion,
   philosophy, and the Environment*, New York: Orbis books, 1994. pp.209-210.

52

량주의적이고 인간중심적 환경운동이라고 비판한다. 그리고 이를 과감히 탈피하여 좀더 본질적이고 심층적인 차원, 즉 철학, 도덕, 윤리적인 인식 개조와 구체적 실천의 차원에서 새로운 패러다임의 전 지구적 신문명 운동을 주장하였다. 네스는 이 논문에서 좀더 심층적으로 생태학의 관심사를 확대시켜 다양성, 복합성, 자율성, 탈중심화, 공생관계, 평등주의, 무계급성의 문제를 철학적으로 다루고 있다. 그는 표층생태학 운동이 단순한 환경오염과 자원고갈 반대운동에 불과하며 그 중심목표는 선진국 국민들의 건강과 풍요를 보장하기 위한 것이라고 지적하였다. 이에 반해 심층생태학 운동을 다음과 같이 특징화하고 있다.

> 첫째로, 관계적이고 통일의 장의 이미지에 입각하여 환경 속의 인간이미지를 거부한다. ……둘째로, 지구 위에서 생물이 살아 있을 수 있는 범위인 생물권의 평등주의를 지향한다. ……셋째로, 다양성과 공생 관계의 원리이다. ……넷째로, 반 계급적인 입장을 취한다. ……다섯째로, 환경오염과 자원고갈에 반대한다. ……여섯째로, 복잡화가 아니라 복합성을 지향한다. ……일곱째로, 지방자치와 탈중심화를 추구한다.53)

인용문에서 알 수 있듯이, 심층생태학은 단지 기존의 사회체제를 유지하는 성향을 갖는 자연보전운동 등과 달리 새로운 문명을 지향하고 있다. 그리고 그러한 문명의 존재 양태는 상호관계적인 평등주의와 탈중심의 공생 관계가 사회적으로, 자연적으로 구현된 모습이다. 심층생태학자들은 이러한 과제를 해결하기 위해 다양한 전략을 채택한다. 여기에는 시민불복종과 에코사보타지 등의 정치활동도 포함되지만, 시, 불교, 영성 주의 등 다양한 수단이 포괄된다. 그 중에서도 가장 유용한 전략은 일반원리에 관한 '강령(platform)'에 우선 합의되어 있다. 네스와 세션즈는 다음 8개의 원리로 구성된 강령을 발표하였다.

---

53) 정정호, 『팽팽한 밧줄 위에서 느린 춤을』, 서울: 도서출판 동인, 2000. pp.200-201.

1. 인간과 지구상에 존재하는 모든 생명체의 번성은 본질적(intrinsic)인 가치를 지닌다. …… 2. 생명의 풍요로움과 다양성은 그 자체로 가치 있고, 인간과 지구상에 존재하는 모든 생명체의 삶이 번성하는 데 이바지한다. 3. 인간은 없어서는 안 될 본질적(vital) 필요를 충족시키는 경우를 제외하고는 생명의 풍요로움과 다양성을 축소시킬 권리가 없다. 4. 현재 자연계에 대한 인간의 간섭은 과도하며, 상황은 급속히 악화되고 있다. 5. 인간의 삶과 문화의 번성은 인구의 근본적인 축소가 있어야 가능하다. …… 6. 더 나은 삶의 조건의 중요한 변화는 정치적 변혁을 필요로 한다. …… 7. 이데올로기의 변화는 생활수준의 향상에 집착하는 것이 아니라, 삶의 질의 의미를 인식하는 것이다. …… 8. 이 점을 인식하는 사람들은 필요한 변화를 위해 각자에게 요구되는 행동을 할 의무가 있다.[54]

이들 원리들은 실제 환경문제와 관련된 다양한 구체적인 주장을 설명하고 지지한다. 예를 들어, 열대우림의 계속적인 파괴와 관련해 우리는 원리 1, 2, 3에 호소할 수 있다. 또한 원리 5와 7은 자원 보전, 인구문제, 소비문제, 원자력문제와 관계된 에너지문제를 다루는 데 중요하다. 강령은 생태학이 심층생태학에 미치는 영향을 잘 보여준다는 점에서도 중요하다. 어떤 의미에서 생태학은 원리 4와 5의 직접적인 이유를 제공한다. 그리고 원리 1과 2의 의미를 설명하고 방어하는 데에도 관계된다. 그리고 생태학은 비환원주의적, 전체주의적 세계관을 뒷받침한다는 의미에서 생태철학에 중요하다.

심층생태학자들은 현재의 위기 상황을 해결하기 위해서는 개인적, 사회적 관행을 바꾸는 정도로는 부족하고, 세계관을 근본적으로 바꿔야 한다고 생각한다. 이와 관련해 심층생태학자들은 한편으로 과학자, 예술가, 활동가로 활동하거나 그러한 사람들과 연대하여 구체적인 변화를 모색하고, 다른 한편으로 환경위기에 책임 있는 지배적인 세계관을 대체하기 위해 대안적

---

54) Des Jardins, J. R., 앞의 책. pp.337-338.

철학을 구성하려 노력한다. 네스는 그런 문제를 다루고 대안적 세계관을
모색하는 분야를 생태철학(에코필로소피)으로, 그리고 그 중의 특정 움직
임을 생태지혜(에코소피)라고 불렀다.55)

한편 머레이 북친(*Murray Bookchin*)은 심층생태학이 지나치게 인간혐오
주의로 흘러가고 있다고 비판하였다. 심층생태학이 부분 개별자보다는 생
태계 전체의 이익에 많은 강조점을 두다보니 인간도 생태계 전체의 이익
에 위반된다면 차라리 소멸되는 것이 낫다고 보기 때문에 일면 북친의 지
적이 타당한 점도 없지 않다. 그러나 심층생태학이 인간윤리의식의 진화를
생태계 전체에까지 확장시켰다는 점은 높은 평가를 받아야 할 것이다.

우리는 앞에서 환경문제를 풀어나가는 방식에 있어서 인간의 윤리적 태
도나 가치관의 변화의 중요성을 인식하게 되었다. 그렇다면 우리는 환경윤
리학자들이 주장한대로 우리의 윤리적 가치관의 변화만으로 환경문제를
다 해결할 수 있을까? 그리고 오늘날 생태학적 위기의 요인으로 윤리적
요인만 있는 것일까? 아니면 그보다 더 근본적인 요인이 그 밑바탕에 깔
려 있는 것일까?

현대 많은 비판적인 학자들은 근대 계몽주의의 인간중심적 세계관의 배
후를 더 깊이 추적해 들어가면, 단순히 윤리적 가치관의 문제를 넘어서 보
다 더 근본적인 요인, 즉 인간의 종교적인 관습이나 교리적인 배경이 들어
있다는 점에 유의하였다.

이와 같은 환경문제와 종교와의 연관성에 관한 논의에 불을 당긴 인물
은 린 화이트였다. 린 화이트는 그의 "생태학적 위기에 대한 역사적 뿌리
들"이라는 논문에서 이 문제를 심도 있게 파헤쳤다. 오늘날 과학·기술의

---

55) 기독교 심층생태학자인 제임스 내쉬(*James A. Nash*)는 생태학적 관계성들에 적
   용될 수 있는 것으로서 기독교의 사랑을 선행, 존경심, 수용성, 겸손, 이해, 연합
   이라는 여섯 가지 차원으로 제시하였다. Nash, J. A., *Loving Nature- Ecological
   Integrity and Christian Responsibility*, Washington D. C: The churches's center
   for Theology and Public policy, 1991. pp.151-160.

인간중심적 세계관의 근저에는 서구 기독교의 인간중심적 창조관이 있다는 것이다. 그래서 그는 서구 기독교의 세계관으로는 현대의 생태학적 위기를 극복하는데 한계가 있기 때문에 동양의 전통적인 종교들 안에서 그 대안을 찾아야 한다고 주장하였다.

린 화이트의 지지자들은 동양 종교들 안에서 생태학적 가치들을 발견하고자 노력하였고, 그 결과 동양의 전통적인 종교유산 안에서 풍부한 생태학적 영성을 발견하게 되었다. 그런데 다른 한편으로 린 화이트의 비판자들은 기독교를 생태학적 위기의 주범으로 몰아가고 있는 것에 반발하여, 기독교에만 그 책임성을 묻는 것은 잘못된 것이며, 다른 동양의 종교전통들도 책임의 소지가 다분히 있다고 주장한다. 동시에 기독교 안에도 풍성한 생태친화적인 요소들이 들어 있고, 긍정적이고 본받을만한 생태학적 영성의 전통들이 면면히 내려오고 있다고 주장하였다. 물론 린 화이트도 후기에 가서 이러한 점을 인정하였고, 실제적으로 성 프란치스코는 기독교의 위대한 생태사상가였고 생태민주주의자였으며 모든 생태학의 수호성인이라고 높이 평가하였다. 그래서 린 화이트는 우리는 성 프란치스코로 돌아가야 한다고 강력히 주장하였다. 우리는 다음 장에서 린 화이트로 촉발된 종교와 환경이라는 새로운 환경논의를 '종교적 접근 방법'이라고 칭하고, 이러한 논의들에 대해 살펴보고자 한다.

제3장 현대 환경논의의 종교적 접근

우리는 앞장에서 윤리적 관점에서 논의되고 있는 다양한 환경윤리이론들에 대해 살펴보았다. 그러나 이러한 윤리적 관점의 접근은 환경문제를 설명하고 해결하는 데에 한계를 노정한다. 다시 말해 근대 기계적 세계관을 비판하고 자연을 의미 있는 동반자로 정립하려는 윤리적 접근들은 단지 사변적인 분석이나 이해, 또는 의식적인 태도의 차원에서 완성될 수 없는 기획들이다. 그런 면에서 예를 들어 린 화이트는 환경문제는 가치관이나 태도를 넘어서 그보다 더 근본적인 측면, 즉 인간의 종교적 관습이나 교리적 요인들이라는 배후의 중요성을 간파하고 그런 점에 유의할 필요가 있다고 주장한 것이다. 그에 따르면, 환경파괴문제에 깊은 연관성을 지니고 있는 인간중심적인 과학·기술적 사고의 배후에는 기독교의 인간중심적인 창조관이 있다.

본 장에서는 이러한 종교와 환경과의 밀접한 관련성에 대해 주목하고서 종교가 환경에 미치는 긍정적인 측면과 부정적인 측면에 대해 살펴보고자 한다. 이러한 접근은 개별 종교 전통이 갖고 있는 세계관이 환경에 대해 우리가 갖는 태도와 인식에 어떤 영향을 미치고 있다는 가정 위에 성립한다. 특히 종교가 환경에 미치는 악영향보다는 환경문제에 도움이 될 수 있는 종교의 생태학적 가치를 강조하는 데 우선순위를 두면서 본 장을 서술하고자 한다.

이 책에서 연구방법으로 취하고 있는 비교 문화적(Cross-Cultural) 방법에 따라, 이 문제를 다루고자 한다. 비교 문화적 방법은 동양과 서양의 종교전통들 안에서 그 동안 축적되어온 연구 성과를 공정하게 참조하여 환경에 대한 종교의 영향을 고찰하게 됨을 의미한다. 힌두교의 경우, 거대한 신 푸루샤의 몸과 관련된 세계창조이야기나 연꽃신앙, 우주적 계란에서 나타난 우주관은 인간과 자연, 혹은 인간과 우주 간의 상호연관성과 일체성을 강조한다. 특히 간디의 무소유사상과 반다나 쉬바의 칩코운동은 현대 인도에서 활발하게 전개되고 있는 생태친화적인 사상이며 급진적인 환경 운동이라고 할 수 있다. 다만 소 숭배 사상이 과도하여 그 배설물로 인한 환경오염이 발생하기도 한다.

불교의 경우, 인연연기설에 나타난 모든 생명체에 대한 연민과 자비심, 아힘사(불살생과 비폭력)의 실천들은 생명에 대한 외경심이 잘 나타나 있고, 이러한 불교의 아힘사의 실천은 슈바이처의 생명외경 사상에도 깊은 영향을 주었다. 그리고 불교의 전통적인 식사법인 발우공양에서도 환경친화적인 면을 엿볼 수 있다. 하지만 방생하는 관습은 생태계를 교란하는 역효과를 낳기도 한다.

유교의 경우, 음양 오행론에 나타난 우주의 상호연관성과 상호 작용성, 풍수사상과 산수화에 나타난 자연과의 조화에 대한 강조에서 풍성한 생태학적 가치들을 발견할 수 있다. 한편 유교의 장묘문화에서 우리는 부정적인 면도 엿볼 수 있다. 유교의 장묘문화는 토지의 잠식을 불러와 인간뿐만 아니라 동·식물의 서식지를 파괴하고 잠식하는 결과를 초래한다. 이 부분은 유교의 환경에 대한 부정적인 영향이라고 할 수 있다.

한편 기독교의 경우는 환경에 대한 긍정적인 생태학적 측면과 부정적인 측면들이 뚜렷한 대조를 이룬다는 점이 특징적이다. 이른바 린 화이트에 의해 촉발된 기독교의 생태학적 논쟁이라고 하는 것이 그것이다. 하지만 린 화이트 또한 기독교 안에서도 긍정적인 생태학적 측면이 있음을 인정한다. 그는 말기에 기독교 비판에서 벗어나서 기독교의 생태학적 가치의 발견이라는 과제에 몰입한 결과, 성 프란치스코를 생태학의 수호성인이라고 칭송하면서 그에게서 그 대안을 찾고자 하였다. 기독교의 이런 이중적인 성격을 오리겐, 루터, 칼빈 등 자연을 경시하는 입장과 이레나에우스, 성 프란치스코, 매튜 폭스, 몰트만, 창조신학 등 생태학적 가치를 강조하는 입장을 대비함으로써 규명하고자 한다. 이렇게 본 장에서는 개별 종교 전통 안에 함축되어 있는 생태학적 가치와 함께 그 부정적인 관습도 다루고자 한다.

1. 동양 종교전통의 생태학적 가치와 환경문제

1) 힌두교의 일원론적 세계관

힌두교 전통은 자연을 그 자체 신성하게 받아들였다. 힌두교 전통 안에는 자연적 힘들과 대상들을 신격화하고 성스럽게 여기는 많은 예들이 있다. 이것은 초기 힌두교 베다에 등장하며, 오늘날 살아있는 힌두교 안에서도 여전히 보여 진다. 힌두교의 전체 역사를 통틀어, 모든 힌두교 종교문헌의 장르들 안에서 자연세계가 존경받을 만한 힘들을 가지고 있다는 주장을 발견할 수 있다. 많은 힌두교 성전들 안에, 세계는 권능과 신성함으로 충만한 살아있는 존재로 인식된다.

베다 사람들은 자연세계를 성스러운 것으로 생각되는 힘들로 가득 차 있는 것으로 보았으며, 그러한 세계를 존경하였다. 더욱 일반적인 의미에서 힌두교에는 모든 실체, 모든 자연, 모든 우주를 성스러운 것이며, 하나의 살아있는 존재로 간주하는 경향이 있다. 이렇게 우주와 자연이 신성한 존재로 존경받는 인식의 근거에는 창조의 신이 놓여 있다. 다시 말해 이우주의 탄생 자체가 신성한 기원을 가지고 있으며, 따라서 본래적인 우주의 모습은 그 자체로 신성하다는 사고를 힌두교도들은 갖고 있다. 다음에 나오는 힌두교의 창조신화에서 우주가 갖게 되는 선천적인 신성성을 확인할 수 있을 것이다.

태초에, 신들은 푸루샤를 희생 제의하려고 모였고, 그의 몸으로부터 그들은 세계를 만들었다. 그의 발로부터 이 땅이 생겼고, 그의 몸통으로부터 푸름이 끝없이 뻗어 가는 하늘의 중간지대가 나왔으며, 그리고 그의 머리로부터 하늘 위의 하늘이 나왔으며 ……그의 눈으로부터는 태양이, 그의 가슴으로부터는 달이, 그의 입으로부터는 인드라와 아그

니 신이, 그리고 그의 호흡으로부터 바람이 생겼다.[56]

여기서 확인할 수 있듯이 이 우주는 신인동형적 존재인 푸루샤를 신들이 희생 제의하여 창조한 것이다. 다시 말해 우주와 자연의 세계는 신성을 갖는다. 이런 면에서 우주의 모든 존재는 동일한 존재론적 가치를 가지며, 인간만의 독존적인 지위가 설정되어 있지 않다. 성스러움이 충만한 세계에 대해 인간은 오만과 우월이 아니라 겸허한 자세를 갖고 대해야만 한다. 우주는 모든 존재가 상호 연관되어 통합된 살아있는 신성한 존재로 인식되기 때문이다.

우주와 자연 전체뿐만 아니라, 구체적으로 대지 곧 땅의 신성성에 관한 관념은 힌두교의 각종 이야기와 신화, 전설에 나타난다. 인도인들은 인도 땅의 내재적인 성스러움을 인식하고 그 땅의 이야기를 배움으로써 비로소 인도인이 될 수 있다고 생각하였다. 인도 대륙은 하나의 거대한 여신의 몸으로 인식된다. 초기 경전들에서는 그 여신의 이름이 프리티비로 나온다. 프리티비를 묘사할 때, 실제적인 땅(인도대륙)을 가리키고 있다는 것은 명백하다. 그 사상에 따르면, 인간존재가 거주하는 이 땅은 모든 창조물을 생성하고 부양하는 하나의 거대한 여신이 된다. 그러므로 당연히 이런 신성한 땅에 대해 오만한 공격이나 무시가 아니라 진정한 존경심이 요청된다. 땅은 인간 자신의 뿌리이기 때문이다.

인도 땅의 가장 성스러운 지형적 형태 가운데에는 강이 있다. 전체 인도를 통틀어, 강들은 성스러운 것으로 존경받았으며, 강들의 둑은 신전으로 표시되었다. 모든 것들 중에서 가장 성스러운 강은 히말라야의 구릉지대에서 발원하여 벵갈 만의 북부 지대를 굽이쳐 흐르는 갠지즈 강이다. 힌두교 신화에 따르면, 하나의 위대한 여신으로까지 존경받고 있는 이 강은 하늘에서 내려온 것이다. 따라서 그것은 생명의 풍요와 함께 영혼의 정화를 일으키는 근원적인 성지(聖地)가 된다. 인도 전체에서 갠지즈 강물은

---

56) Kinsley, D., 앞의 책. p.57.

의례에 사용되며 다른 신들에게 제공될 수 있는 가장 성스럽고 순수한 제물로 여겨진다. 갠지즈 강물에 목욕하는 것은 그 사람의 육체적 정신적 불순함을 씻어내는 것이며 땅에서부터 하늘에까지 뻗쳐 있는 성스러운 존재들과의 직접적인 접촉을 의미한다. 갠지즈 강과 성스러운 것으로 여겨지는 다른 수많은 강들의 예에서, 우리는 힌두교에서 그 땅 자체를 성스러운 것으로 인식하는 경향의 생생한 증거들을 보았다. 그 땅은 신들과 영웅들이 마치 자기 자신의 것인 양 전능한 행위를 수행하는 그런 곳이 아니다. 많은 인도인들에게, 그들이 살고 있는 땅은 성스러운 힘으로 약동하는 것이며, 그러므로 그 땅에 대한 그들의 태도는 예배자 혹은 순례자와 같은 것이다.

힌두교의 마을 차원에서, 종교는 종종 하나의 특별한 마을과 밀접하게 결합되고 동일시되는 한 지역 신(대부분 여신)에 의해 지배받는다. 여신(혹은 신들)은 그 마을을 선도한다. 그녀는 그것을 창조하였다. 정신적 육체적 의미에서, 여신은 그 마을의 중심으로 이해된다. 많은 마을의 육체적인 중심에서 그 마을 사람들은 그녀의 몸의 육체적 연장으로서 이해되는 '거룩한 돌'을 발견할 것이다. 다른 경우에, 여신은 그 땅 위에 직접적으로 위치하는 머리로 표현될 것이다. 이것은 그녀의 몸은 마을 자체이며, 그녀는 그 마을의 흙의 뿌리라고 주장한다. 마을과 마을사람들은 마을의 여신의 몸 안에, 그녀에게 의지하여 살아가는 것으로 이해되어짐에 틀림없다. 인도 마을 사람들에게 있어서, 그 사람의 정체성은 사람이 행하는 것뿐만 아니라 더 나아가 그 사람의 지역에 의해 정해진다.

긴 역사의 힌두교는 인간 유기체는 더 넓은 세계와 내재적으로 본질적으로 강하게 연관되어 있으며, 그 본질에 있어서 인간과 세계의 존재는 동일하다는 사고를 가지고 있다. 다시 말해 힌두교는 서구 근대의 기계적 사유처럼 인간과 자연, 정신과 육체를 이원화하여 인간과 정신의 우월성을 내세우지 않는다. 힌두교의 일원론적 사고양식은 흥미로운 생태학적 함축들을 갖는다. 예들 들어 탄트라 요가에서는 우리의 몸을 우주의 축소판으로 묘사한다.

> 우리의 몸은 정제된 혹은 축소된 형식 안에 전 우주를 포함하고 있다. 그러므로 영적인 추구, 영적인 완성, 종교적 성숙 등등은 자기 탐구, 자기 관심, 자기 지식의 과정 안에서 발견되어 진다. 진리는 바깥에 있지 않고, 안에 있는 것이다. 종교적 순례는 우선적으로 외적인 것이 아니라 내적인 과정이다. 자기 지식의 획득은 또한 모든 것의 지식의 획득이다.57)

탄트라 요가의 신비적 혹은 정교한 지리학에 따르면, 몸은 더 큰 우주의 정제된 본질이다. 예를 들면, 척추는 육체적 세계의 모든 다른 지역들과 연결된 중심축 혹은 세계의 축(axis mundi)이라고 불리 우는 메루 산 (Mount Meru)을 나타내는 것이라고 말해진다. 메루 산은 실체의 다른 국면들이 서로 서로 교류하는 우주적 도관이 된다. 하늘, 땅, 지하는 그것에 의해 연결되어 있다. 이와 유사하게, 인간 척추는 인간존재의 다른 차원들, 국면들, 삶의 양식들과 연결된다. 예를 들면 척추는 대뇌와 감정적인, 성적인, 활력적인 차원들을 연결한다.

탄트라 명상자 안에서 내적인 삶의 에너지를 일깨워주고, 생기를 주는, 쿤달리니 힘(Kundalini power)은 때때로 뱀으로 묘사되며 또한 우주적 국면들을 갖는다. "척추의 중심축을 따라 챠크라를 통한 쿤달리니의 상층부 운동은 마음, 정신과 영혼을 낮은 차원에서 더 높은 삶의 형식들로의 진화, 그리고 낮은 의식에서 더 높은 의식에로의 진화를 의미한다. 해탈 혹은 깨달음의 과정(목표로 불린다)은 우주적 차원에서 존재와 의식의 진화를 반복한다."58)

힌두교 철학에는 강한 일원론 성향이 있으며, 이러한 일원론이 형이상

---

57) 같은 책. p.61.
58) 같은 책.

학 차원에서 다뤄지고 있다. 가령 고대 베다 문학의 핵심적인 철학담론을 담고 있는 우파니샤드에는 실체의 근본적인 기초에 대한 발견 혹은 깨달음으로 가득 차 있다. 우파니샤드는 모든 현상적인 개체의 변화를 넘어서 존재하는 보편적이고 궁극적인 원리를 '브라만'이라고 불렀다. 브라만 없이는, 아무 것도 존재하지 않는다. 브라만을 넘어서는 아무 것도 존재하지 않는다. 심지어 신조차도 브라만의 한 가지 현현에 불과하다.

우파니샤드는 또한 인간 존재의 본성에 상당한 관심을 보인다. 많은 담론들은 인간존재의 본질을 탐구하고 가장 깊은 차원에서 인간존재를 대변해 주는 것은 무엇인가를 발견하고자 하였다. 이러한 경전들의 대부분은 인간존재는 '아트만'이라는 정신적 본질 혹은 자아를 소유하고 있다고 본다. 이러한 정신적 차원 혹은 영혼은 존재의 밑바탕에 있으며, 우리는 그것 없이는 존재할 수 없다. 영혼에 대한 믿음은 세계 종교들 안에서 아주 보편적이기는 하지만, 우파니샤드에서는 이러한 영혼, 아트만은 브라만과 동일하다고 선포된다는 사실이 독특하다. 즉, 우파니샤드에 따르면, 각각의 개별자는 가장 깊고 가장 본질적인 차원에서 브라만과 하나이다.

이러한 철학적 사상은 생태학적 함의를 갖는다. 다시 말해 브라만=아트만의 일원론은 개체가 사회적이고 이기적인 자아에 함몰하지 않고 우주 전체의 자리에서 세계를 보도록 한다. 그러므로 이런 시각은 사물을 자신과 별개의 존재로 분리해서 대상화하고 착취하려는 사고를 배제하고 세계와 더 넓은 동일화의 길로 인도한다. 그리고 이런 일원론은 타인이나 다른 존재와 연합하고 교류하도록 촉구한다. 왜냐하면 상호 연관되어 존재하고 있기 때문에 고립된 자기 구성은 불가하며 또 세계의 본질에도 어긋나기 때문이다.

힌두교에서 또 다른 중요한 사상은 윤회와 비폭력(아힘사, ahimsa)이다. 힌두교 사상의 근저에는 모든 존재가 광대한 우주적 순환 속에서 상이한 생명의 양태를 거듭하고 있다는 윤회론이 담겨 있다. 이러한 윤회(=삼사라, '함께 흘러가는 것'을 의미)는 단지 한 특별한 종들 안에서만이 아니라, 종에서 종으로 발생할 수 있다. 한 사람의 우주적 체류 안에서, 그 사람은 여러 번 하나의 식물로, 동물로, 신으로, 영으로 혹은 천상의 요정으로 존재하게 된다. 한 특별한 인간존재로서의 윤회는 단지 모든 특별한 목적들을 위해 시작도 없고 끝도 없는 시간 안에서 하나의 짧은 장면으로 이해된다. 우주적 관점으로부터 우리들 각각은 극히 오래된 것이며, 과거에 수없이 많은 생을 살아왔던 것이다. 다른 한편으로, 사람들은 미래의 수많은 삶을 숙고하게 된다. 윤회는 모든 삶이 상호 연관된 그물망 안에서 지속되고, 모든 삶은 어떤 방식으로든 상호 연결되어 있고, 시간 속에서 어떤 특별한 개인은 삶의 그물망의 모든 국면들을 경험하게 될 것이라는 사상을 밑바탕에 깔고 있다. 그런 면에서 윤회 사상은 자기중심적인 방식의 세계 분석을 비판한다. 다시 말해 개체적인 자아의식에 함몰되어 현재의 삶과 개체성을 절대시하면서 집착하는 태도를 비판한다. 예들 들어 현재 인간이라고 해서 다른 생명체보다 자신을 우월시하면서 대상을 학대하는 자세는 자신의 과거와 미래에 그 대상처럼 될 수 있다는 의미와 통하게 된다. 다시 말해 다른 존재에 대한 학대는 자신에 대한 학대로 돌아올 수 있는 것이다.

힌두교의 가르침에서 비폭력 정신은 중요한 위치에 놓여진다. 비록 전쟁을 해야 하는 크샤트리아와 같은 사회집단은 어떤 상황에서 폭력에 의존하기 마련이지만, 일반적으로 비폭력은 모든 사람들에게 권장된다. 이런 비폭력의 위상을 인도인의 사유방식과 연관지어 킨슬리는 다음과 같이 기술하고 있다.

비폭력은 인간을 대하는 태도에 국한되지 않는다. 그것은 또한 다른 삶의 형식들에 대한 태도에도 적용된다. 일반적으로, 사람들은 자신의 환경에 최소한 양의 폭력을 가하도록 요구받는다. 비폭력은 실체에 대한 非이원론 관점인 아드바이타(Advaita)에서 가르치고 있는 바대로 모든 존재들의 교류를 강조한다. 본질적으로 모든 존재는 상호 연관되어 있고, 어떤 의미에서 다른 이에게 폭력을 행사하는 것은 자기 자신에게 폭력을 행사하는 것이다. 인도 종교의 극단적 형식인, 자이나교에서 승려와 비구니들은 삶의 아주 작은 형식을 들이마시게 될 것(그러므로 파괴하는 것)을 막기 위해 그들의 입을 가리는 마스크를 착용한다. 그들은 또한 곤충들이나 다른 작은 창조물들을 자기도 모르게 밟는 것을 막기 위해 그들 앞서서 그 길을 쓸고서 지나간다.59)

위와 같은 입장에서 고위 카스트의 힌두교도들은 채식주의를 지킨다. 그 목표는 사람이 일상적인 삶의 과정 안에서 최소한의 폭력의 양을 유지하는 것이다. 채소로 사람들의 식단을 제한하려는 것은 사람이 감정 있는 창조물들에게 폭력의 양을 최소화하려는 것이다. 채식주의는 생태학적 관심과 연결시켰을 때 그 정당성의 근거를 쉽게 확보할 수 있다. 먹이사슬의 꼭대기에 있는 삶의 형식들을 먹여 살리는 것은 영양학적인 생태학에서 볼 때 극히 비효율적이며 땅의 비옥함의 고갈을 재촉할 수 있다. 한 한정된 지역에 사는 다수의 사람들에 의한 육류섭취는 채소와 곡물의 소비보다 땅에 대해 엄청난 양의 스트레스를 주는 것이며, 그러므로 상당히 생태구조에 더욱 큰 폭력이 된다.

이런 아힘사가 동물에게 적용된 전형적인 사례는 소 숭배이다. 소에 대한 인도인들의 존경은 힌두교의 비폭력이 갖는 생태적인 의미를 표현한다. 인도에서 소와 환경문제의 관련성은 앞으로도 많은 논의의 여지가 있다. 왜냐하면 소가 만들어내는 배설물의 환경오염 때문이다. 미국을 비롯한 선진국에서 배출한 환경오염배기가스 방출 양에 비하면 인도의 소에서 배출된 양은 극히 적은 것이라고 주장할 수도 있다. 하지만, 사실상 오늘날 인도의 소에서 배출된 엄청난 양의 메탄가스는 대기 중에 유입되어 오존층을 파괴하고 지구온난화를 가져오는데 일조하는 것 또한 부인할 수 없는 엄연한 현실이다.

---

59) 같은 책. p.65.

아힘사의 사상은 간디에게 영향을 주었다.60) 아힘사는 부정사 'a'와 '살생, 폭력'을 뜻하는 'himsa'가 결합된 단어로 불살생, 비폭력을 의미한다. 이 사상은 자이나교와 불교에서도 나타난다. 간디는 엄격한 비폭력의 옹호자 중에서 가장 잘 알려진 사람이다. 정치학과 식생활에 있어서, 그는 그 자체 목적으로서 비폭력을 지킬 것을 주장한다. 왜냐하면 그것은 사람들에게 사물의 진리를 볼 수 있게 해 주기 때문이다. 그의 아쉬람들 안에다, 뱀들, 전갈들 그리고 독 있는 벌레들을 포함해서 동물들을 그들의 방식대로 놔두었고, 그들에게 독의 사용을 금지하였다. 그는 그들의 삶을 완성할 모든 창조물들의 권리를 존중하였다. 그는 모든 존재는 살 권리를 가지고 있으며 그들 자신의 방식대로 번성할 권리를 가지고 있으며, 인간존재는 그들에게 간섭할 권리가 없다고 믿었다. 이러한 주장에서, 간디는 모든 것과 모든 존재가 인간의 필요들, 욕망들, 그리고 취향에 관련되는 것으로서만 이해되는, 인간중심주의를 비판하였다. 간디는 모든 삶의 형식들의 대우에 있어서 자기 절제는 자기주장보다 더 우월한 길이라고 확신하였다.

한편 현대 인도의 환경론에서 빼 놓을 수 없는 중요한 위치를 차지하고 있는 두 인물로서, 간디와 함께 칩코운동의 창시자이자 대변인인, 반다나 쉬바(Vandana Shiva)를 꼽을 수 있다. 칩코운동은 웃타르 프라데쉬에서 불도저들을 간신히 피하면서, 나무를 껴안음으로써 나무를 구하려는 지역 여성들에 의해 주도되었다. 전통적인 인도 민속 문화에서, 나무는 성스러운 것이며 대지와 사람들의 생존과 밀접하게 결합되어 있다. 반다나 쉬바는 이것에 대해 다음과 같이 서술하였다:

칩코는 갠지즈 강의 근원인, 히말라야에서 시작되었다. ……갠지즈 강은 어머니 여신이었고, 여기에는 그녀에게 탄원하는 기도자들이 있었다. ……

---

60) 간디는 아힘사의 측면을 다음의 두 가지로 나누어 보았다. "아힘사의 적극적인 측면을 '사랑의 법'이라 하고 그 소극적인 측면을 '비폭력의 법'이라 한다." 김창모, 『동양철학과 기독교의 자연·환경사상』, 서울: 장로회신학대학출판부, 1996. p.60.

그녀는 이제 올 수가 없었다. 왜냐하면 그녀의 힘은 너무 강해서 만약 그
녀가 땅위에 내려오면, 그녀는 곧바로 땅을 파괴하게 되기 때문이다. 그것
은 참으로 우리가 우리의 몬순 비에서 얻은 방식의 상징적인 것이다. 그것
은 그처럼 강하고, 그처럼 강력하므로, 만약 우리가 숲의 덮개를 가지고
있지 않다면, 우리는 산사태와 홍수를 만나게 될 것이다. 그러므로 쉬바
신은 땅으로 내려와 갠지즈 강을 흡수하게 돕도록 요구받는다. 그리고 쉬
바는 갠지즈의 하강의 힘을 부수기 위해, 아주 헝클어진, 그의 머리카락을
늘어뜨린다. 쉬바의 머리카락은 기본적으로 인도에서 우리들 많은 사람들
에게 히말라야의 야채와 숲들에 대한 상징으로 보여 진다. ……그것은 인
도에서 사람들이 지속적으로 갖고 있는 개념의 종류이다. 그리고 그러므로
그들이 숲이 잘려지는 것을 볼 때에, 그들은 신의 긴 땋은 머리가 훼손되
고 있는 것을 본다. 그들이 갠지즈 강이 댐으로 막아지는 것을 볼 때에,
그들은 그들의 성스러운 강이 훼손되고 있는 것을 본다.[61]

  '껴안다'를 의미하는 '칩코'운동은 숲 지대를 보호하려는 운동이 있었던
1913으로 거슬러 올라간다. 그것은 그들의 수확을 보호하기 위하여 나무
주위에 체인을 둘렀고 성스러운 실들로 묶었던, 히말라야 지역 여자 집단
들과 함께 1977년에 갱생되었다. 숲 지대에 살고 있는 여자들은 수 천 년
동안 나무들과의 관계성 안에서 살아 왔다. 숲들은 꿀, 비료, 음식, 물, 그
리고 연료를 제공해 주었다. 단일문화의 목적들을 위해 숲들을 자르는 것
은 이러한 생태학적 균형을 파괴하였으며 인도의 다양한 부분들을 황폐시
켰다. 비록 남자들이 칩코에 참여하였다 할지라도, 나무들과 그것들의 보
호는 오랫동안 인도에서는 여자와 동일시되어 왔다. 반다나 쉬바는 힌두교
안에서 그것의 흔적을 언급하였다. 힌두교에서 원래 땅 자체가 신성한 여
신으로 여겨지듯이, 그 땅의 산물인 나무 역시 신성한 존재이자 여성으로

---

61) Tucker, M. E., *Worldviews and Ecology: Religion, Philosophy, and the Environ-
    ment*, New York: Orbis Books, 1994. p.120.

규정되었던 것이다.

> 모든 자연 신들은 항상 대부분 여성이었다. 왜냐하면 그들 모두는 힌
> 두교 우주론에서 여성적인 원리인, 프라크르티(prakrti)로 생각되었다.
> 또한 그들 모두는 부양하는 어머니들이다. 나무들이 당신을 살찌우고,
> 강들이 당신을 자라게 하고, 땅이 당신을 먹이고, 그리고 당신을 부양
> 하는 모든 것은 한 어머니이다.[62)]

반다나 쉬바는 명백히 서구적인 세계화의 길을 거부한 그녀의 책 *Staying Alive*에서 제3세계 개발 프로젝트들의 전제들을 공격하였다. 더욱 표준적인 페미니스트 비판에 덧붙여서, 그녀는 또한 인도전통에 고유한 개념적 자료들을 사용하면서 프라크르트와 샥티 안에 뿌리박은 자연이론을 발전시켰다. 그녀는 개발 정책들이 종종 여성들에 의해 생산된 전체적이고 생태적으로 건전한 자급 농업으로부터 종종 남성에 의해 지배되는 기술로 생산하는 현금—곡물 농업으로의 이동을 수반한다고 지적하였다. 그녀는 이러한 실천을 '잘못된 개발'이라고 부르고 그것은 남성적인 것과 여성적인 것의 협력적인 연합을 깨뜨리며 그리고 여성적 원리를 베어낸 채 남성을 자연과 여성 위에 두며 양자로부터 분리시켜 놓아버린다고 비판하였다.[63)]

우리는 힌두교의 모델을 통해서 주로 생태학적인 가치 중심으로 분석해 보았다. 다만 앞서 나왔듯이 소 숭배는 동전의 양면처럼 환경에 부정적인 영향을 끼칠 수 있음도 살펴보았다. 그런 면에서 종교가 환경에 미치는 이중적인 측면을 볼 수 있었다. 이 장에서 계속해서 언급되는 여러 종교전통들 안에서. 이러한 측면은 동·서양의 종교전통들을 막론하고 공통적으로

---

62) 같은 책.
63) 조용훈은 고대 인도인의 생태학적 통찰을 생명에 대한 경이감, 존재의 상호의
   존성, 비이원론, 신의 주권성, 불상생과 비폭력, 자연감응, 정신가치 중시 등으
   로 정리하고 있다. 조용훈, 『동서양의 자연관과 기독교 환경윤리』, 서울: 대한
   기독교서회, 2002. pp.97-101.

나타난다고 할 수 있을 것이다.

2) 불교의 생명 외경

불교에서는 힌두교의 브라만이나 아트만처럼 개체적인 관계성을 초월한 형이상학적 본체를 부정하는 무아(無我)를 비판하였다. 그 대신 상호 연관 속에서 모든 존재가 생겼다가 사라진다는 연기설(緣起說)을 제시하게 된다. 이런 연기설을 대변하는 문구는 다음과 같다. "이것이 있으면 저것도 있다. 이것이 생기면 저것도 생긴다. 이것이 존재하지 않으면 저것도 존재하지 않는다. 이것이 멸하면 저것도 멸한다." 이러한 사유 구조 속에서는 당연히 개체의 정체성이 고정불변 상태에 매어 있는 것이 아니라, 그 개체가 형성하는 수많은 관계에 의해 규정되기 마련이다. 그 수많은 관계의 총체를 이 세계라고 할 수 있다. 이러한 연기론적 세계관에 따르면, 개체는 자기중심적인 자기의식에 집착할 필요가 전혀 없다. 왜냐하면 자기라고 생각되는 것은 일시적인 관계 속에서 형성된 의식에 불과하기 때문이다. 따라서 세계라는 관계의 총체성을 인식하는 자리에 도달하면 이기적인 사유 방식에서 해탈할 수 있게 된다.

이러한 연기론적 세계관에 따라 생태학적 가치를 갖는 중요한 교리가 파생된다. 그것은 다름이 아니라 불살생과 무소유이다. 비록 불교 역시 힌두교와 자이나교 같은 인도의 다른 토착종교들과 이러한 사상을 공유하고 있기는 하지만 아힘사에 대한 강조는 특별히 불교 윤리학의 특징적인 것이다. 불교가 포착한 인간의 고통은 연기론적 세계에 대한 무지에 의해서 발생하며 고통의 종말은 그에 대한 깨달음으로 발생한다. 고통의 궁극적인 소멸을 지향하는 불교에서는 타인이나 다른 사물의 고통을 증가시키는 방향을 최소화해야한다고 주장한다. 왜냐하면 연기의 구도에서 보면, 다른 존재 역시 나의 일부이기 때문이다.

아힘사에는 다른 존재의 고통을 함께 느끼는 능력이 중요한 역할을 한
다. 가령 부처가 출가하게 된 동기로 나오는 사문유관을 보면, 그는 병자,
노인, 시체, 수행자로부터 깊은 충격을 받고 기존의 왕자로서의 삶을 내던
졌다고 한다. 여기서 부처는 특히 인간의 고통을 강렬하게 공감함으로써
삶의 의미에 대해 근원적인 물음을 던지게 된다. 이러한 고통의 공감능력
은 사실상 같은 인간으로서의 연민을 넘어서 우주의 모든 존재에 대한 연
민까지 함축하고 있는 것이었다. 왜냐하면 그에게 결국 이 세계의 모든 존
재는 상호 연결되어 있는 총체이기 때문이다.

다른 존재와 함께 느끼고 그 존재를 존중해야 한다는 당위는 불교의 윤
회설에서도 도출된다. 윤회는 불교뿐만 아니라 인도 전체가 공유하는 근원
적인 신념으로서, 모든 존재가 현재의 종류를 넘나들면서 상호 변환될 수
있다는 사고를 담고 있다. 그러므로 비록 인간의 형상으로 존재하고 있더
라도, 그 과거나 미래에는 동물이나 식물 등 다른 생명체로 변형되어 존재
할 가능성을 의식하게 된다. 바로 이런 연유로 자신과 타자 사이에 존재론
적인 차이를 엄격하게 설정하지 않으며, 사회의 위계적인 질서를 강조하지
도 않게 되는 것이다.64)

종종 이렇게 상호 의존적인 관계성은 불교 경전에서 인드라의 보석 그
물 이야기 속에 잘 표현되고 있다. 인드라는 천상에서 진주로 만든 그물을

---

64) 데미언 키온(Damien Keown)은 불교의 윤회설의 생태학적 의미를 다음과 같이
재조명하였다. "업설의 중요한 함의는 여러 형태의 생명들은 서로 교체 가능
하다는 것이다. 가령, 오랜 시간을 거치는 동안 인간은 동물로 다시 태어날
수도 있고, 그 역으로도 다시 태어날 수 있다. ……불교는 도덕적 지위를 동
물에게 허용하며 나아가 종종 이를 곤충과 미생물에게까지 확대하는 것으로
보인다. 예컨대, 우리는 초기 원전들을 보면 승려들이 물 속에 살고 있는 작
은 유기체들을 해치지 않기 위해 물 여과기를 사용했다는 것을 알 수 있다.
또한 그들은 우기에는 고정된 주거지에 모여 살았는데 그 이유의 일단은 우기
가 지나면 소생하기 시작하는 미생물들을 밟아 죽이지 않기 위해서였다."
Keown, D., Buddhism & Bioethics, London: Macmillan Press Ltd., 1995: 데미
언 키온, 허남결, 『불교와 생명윤리학』, 서울: 불교시대사, 2000. pp.72-75.

가지고 있는 인도의 신이다. 그 그물 속의 각각의 보석들은 수많은 면들을 갖고 있으며, 그러한 많은 면들은 서로를 비춰주고 있다. 다시 말해서 서로 연결되어 있으면서 서로 내재하게 되는 관계를 맺는다. 그러므로 하나의 거대한 총체를 형성하게 된다. 이러한 총체성을 개별 존재가 제대로 이해하느냐에 따라서 그 개체의 자유가 성취될 수도 있고 안 될 수도 있는 것이다.

만약 모든 존재가 연관되어 있고 상호의존적이라면, 삶의 과정은 서로 끊임없는 영향을 주고받는 관계망이 된다. 이러한 측면에서 대승 불교는 모든 중생들 곧 윤회의 세계에서 벗어나지 못하고 세계의 총체성에 무지한 존재들의 해탈을 위해 노력하는 보살을 이상적인 존재로 제시한다. 보살은 자신의 능력으로 능히 해탈할 수 있음에도 불구하고 대자비심에 의해 중생들과 함께 깨달음을 얻어 해탈하고자 이승에 머물면서 해탈을 도와준다. 보살의 본성의 본질은 자비심이다.[65] 자기-지배를 성취하고 자기 중심적 의식을 버리고 욕망의 불을 끈 보살은 무한한 자비심으로 다른 존재들의 고통을 바라보며 다른 존재들을 돕는데 자신의 전 생애를 바칠 것을 서약한다. 이러한 자비 안에서, 영적으로 성숙한 사람들은 모든 다른 존재들과의 일체감을 느끼며 우주에로까지 일체감을 확장시킨다.[66]

보살의 자비심은 일반적으로 대승불교에서 의례화된 형식으로 나타난다.

---

65) 현대 일본의 생태학자 마세 히로마사는 동양사상이나 종교의 근본에 깔려 있는 애니미즘이나 판테이즘에서 보살의 자비심을 모든 존재로 확대할 수 있는 근거를 찾고자 하였다. "애니미즘은 '만물에 영혼이 깃들어 있다'라는 정령론이고 판테이즘은 '자연이 곧 신, 신이 곧 자연이라'는 범신론이다. 어느 쪽도 자연을 경애하는 마음과 연결된 생각이고, 나름대로 생태학 문제의 해결에 도움이 될 것 같은 자연론이다." 間瀬啓允(마세 히로마사), 『エコロジーと宗敎』, 東京: 岩波書店, 1996. p.9.

66) 현대 한국의 법륜스님은 상호 연관적이고 전체적인 불교의 세계관에 비추어서, 자연에 대한 지배와 착취의 태도는 불교의 이러한 진리를 깨닫지 못하고, 인간과 자연을 분리시키고 나누는 사고에서 비롯된 것이라고 진단한다. 법륜, 『불교와 환경』, 서울: 정토출판, 1998. pp.92-94.

불교에서 하나의 공통적인 믿음은 사람이 순례를 하고, 부처를 공양하고, 윤리적으로 성스러운 방식으로 행동함으로써 덕을 쌓을 수 있다는 것이다. 그 사람의 다음의 윤회의 성격을 결정짓는 것은 바로 그 사람이 얼마나 덕을 쌓았는가에 달려 있다. 만약 어떤 사람의 선업의 창고가 가득하다면, 그 사람은 좋은 생으로 다시 태어날 수 있을 것이다. 만약 어떤 사람의 덕의 창고가 텅 비어 있다면, 그 사람은 나쁜 생으로 다시 태어나게 된다. 많은 경건한 불교도들은 정기적으로 어떤 사람이 그 자신의 덕을 모든 다른 존재들에게 나누어주고, 그들 모두와 함께 덕을 나누는 의례를 행한다. 어떤 사람의 덕의 창고가 비게 되면, 열심히 수행을 쌓아 모든 다른 존재들과의 연대감을 확증하고 그들에 대한 자비심을 나타내 보인다. 사실상 한 사람은 보살의 본성 안에 참여하는 것이며, 혹은 아마도 한 사람은 그 스스로 보살로서 자신을 드러낸다. 대승불교에 따르면, 보살은 우리 가운데 거하며 그들의 모든 사상과 행동 안에서 모든 존재들의 상호연관성과 모든 존재들에 대한 자비심을 확증한다. 다른 존재들과 환경에 대한 그들의 영향은 치료적인 것이다.

주목해야 할 불교의 생태학적 가치로는 앞서 서술한 아힘사 정신 이외에 무소유의 정신이 있다. 불교의 무소유 정신은 간소함의 경제학과 상통하며, 이는 현대 환경문제를 해결하는데 있어서 주요한 단서를 제공해 줄 수 있을 것이다. 불교의 무소유 정신은 불교의 의식주 생활에 잘 나타나 있는데, 그 예로 발우공양과 가사를 들 수 있을 것이다.

> 이 음식이 어디서 왔는가. 내 덕행으로 받기가 부끄럽네. 마음의 온갖 욕심을 버리고 육신을 지탱하는 약으로 알아 도업(道業)을 이루고자 공양(供養)을 받네. 한 방울의 물에도 천지의 은혜가 스며 있고, 한 톨의 곡식에도 만인의 노고가 담겨 있네. 이 음식으로 이 몸을 길러 몸과 마음을 바로 하고 청정하게 살겠나이다. 또한 수고한 모든 이들이 깨달음을 얻어 다 같이 성불하여지이다.67)

우선, 불교에서는 식사를 하는 데도 마음가짐과 몸가짐으로써 갖추어야 할 예법이 있다. 이것을 발우공양이라고 한다. 밥을 먹을 때도 합장하고 인용문에 나오는 오관게(五觀偈)를 외운다. 불교도들은 음식을 맛으로 먹는 것이 아니라 중생을 구제하기 위해 약으로 먹는다고 생각한다. 발우공양의 식사법은 음식을 적당히 만들어 자기가 먹을 만큼만 그릇(발우)에 덜어서 알맞게 먹고, 식사를 마치고 자신의 발우를 청수 물에 헹구고 고춧가루 하나라도 김치 쪽 같은 것을 이용하여 깨끗이 씻어 먹어 일체의 자연을 오염시킬만한 찌꺼기를 남기지 않는 것이다. 특히 이러한 즉석 설거지는 식기를 씻기 위해 퐁퐁이나 기타 합성세제를 사용하여 하천을 오염시킬 일이 전혀 없는 것이다. 이러한 발우공양의 식사법은 현대 환경오염이 심각한 상황에서, 권장할 수 있는 불교의 식사문화라고 할 수 있을 것이다.

이와 함께 우리는 불교의 의생활에서도 긍정적인 생태학적 가치를 찾아볼 수 있을 것이다. 출가하여 수행하는 스님이 입는 옷을 가사라 한다. 산스크리트어의 **Kasaya**를 음역한 말인데 뜻은 때가 묻지 않았다는 뜻에서 '무구의(無垢衣)', 다른 사람에게 복밭이 되고 공덕이 된다 하여 '복전의(福田衣)', '공덕의(功德衣)'라고 번역한다. 세속 사람들에게 얻은 낡은 천이나 그들이 버린 헌 옷을 주어다가 빨아서 이를 조각조각 벤 뒤에 다시 꿰매어 옷을 만든 것이다. 이 버린 옷은 똥을 닦은 헝겊과 같으므로 '분소의(糞掃衣)'라고 한다. 또 이 헌옷의 조각조각을 기워 모아서 만든 옷이므로 '납의(衲衣)'라고도 부른다. 이렇게 옷을 지어 입는 뜻은 수행자가 사치스런 마음을 없애고 탐심을 버리기 위한 것이다.

유물주의자가 주로 물질에 관심을 기울이는데 반해, 불교도는 해탈, 곧 깨달음에 주요한 관심을 기울인다. 하지만 불교는 '중도'이므로 결코 물질적인 복지를 적대시하지는 않는다. 해탈을 방해하는 것은 부 자체가 아니라 부에 대한 집착이다. 즐거움을 향수하는 일 자체가 아

---

67) 청정국토만들기운동본부, 『불교와 환경보존』, 서울: 아름다운세상, 2001. p.12.

74

니라, 그것을 애타게 추구하는 마음인 것이다. 따라서 불교경제학의
기조는 간소함과 비폭력이다. 경제학자의 관점에서 불교도의 생활이
훌륭해 보이는 것은, 그 양식이 매우 합리적이기 때문이다. 즉 놀라울
만큼 적은 수단으로 충분한 만족을 얻고 있기 때문이다. ……불교경제
학은 최소한의 수단으로 어떻게 일정한 목적을 달성시킬 것인가에 대
해 조직적으로 연구하는 것이다. 즉 불교경제학이 적정 규모의 소비로
인간으로서의 만족을 극대화하려는 데 반해, 근대경제학은 적정 규모
의 생산 노력으로 소비를 극대화하려 한다.68)

　이러한 불교의 무소유와 간소함의 경제학을 독일의 유명한 경제학자 에
른스트 프리드리히 슈마허(*Ernst Friedrich Schumacher*)는 '불교경제학'이라
명명하고 근대 소비지향적인 경제학과 대비시켜 위의 인용문에서 설명해
주고 있다. 이에서 볼 수 있듯이 불교적인 사유방식은 단지 불교라는 특정
종교에 국한되지 않고 현대 경제생활에도 중요한 통찰을 던져주는 것으로
재인식되고 있다. 왜냐하면 불교가 강조하는 아힘사와 무소유의 정신이 기
존의 자본주의 경제체계 속의 생활방식이나 환경오염을 해결하는 데 하나
의 가능성을 함축하고 있기 때문이다.
　우리는 앞에서 불교의 생태학적 가치들을 논하면서 그것의 긍정적인 측
면들을 살펴보았는데, 다른 한편으로 종교적 교리라는 명목 하에서 저질러
지고 있는 환경파괴의 실상들에 대해서도 결코 간과해서는 안 될 것이다.
한 가지 예로 불교의 방생(放生)교리를 살펴보자. 불교에서는 생명존중 사
상에 입각해서 해마다 방생하는 의례적 행사를 하고 있다. 그러나 이 때에
방생된 거북이는 그 식성이 잡식성인데다 식욕이 왕성하여 그 주변의 먹이
들을 닥치는 대로 포식함으로 인해서 생태계를 교란시키고 생태계를 파괴
시키는 결과를 낳기도 한다. 이것은 앞서 힌두교의 소 숭배 전통에서와 마

---

68) Schumacher, E. F., Small is Beautiful-A Study of Economics as if People
　　Mattered, London: Macmillan Press, 1973: 슈마허, 김진욱, 『작은 것이 아름답
　　다』, 서울: 범우사, 1999. pp.59-60.

찬가지로, 종교가 환경에 미치는 부정적인 측면이라고 할 수 있을 것이다.

3) 유교의 자연조화적인 삶

유교에서 우주는 기본적으로 그 자체로 완전하고 조화롭다. 다시 말해 우주 이외의 초월적인 존재가 우주창조의 기원이나 원천으로 설정되지 않는다. 우주의 자족적인 완전성은 궁극적인 자기 원인적 원리를 우주 자신이 함유하고 있기 때문에 가능하다. 그것은 道, 理 등으로 불린 궁극적 실재였다. 이러한 사유구조 속에서 끊임없는 생명의 파노라마가 펼쳐지는 우주는 그 자체가 경이로운 신비이며, 숭배의 대상이 된다. 다만 그러한 우주의 완전성은 서구의 기독교처럼 의인화되어 숭배되지는 않는다. 오히려 모든 우주 속의 개체 안에 그러한 궁극적 실재가 본성으로 내재한다고 본다. 이러한 사고에서 보면, 모든 개체는 자신의 완전성을 자기 본성으로 선천적으로 구비하고 있으며, 그것을 온전히 실현하면 모든 존재와 조화로운 우주적 관계를 맺을 수 있다고 본다.

확실히 중국 종교들 또한 영들, 신들, 여신들, 그리고 초월적 존재들을 알고 있다. 이러한 많은 존재들은 인간존재에 비해서 아주 능력이 뛰어나다. 그들은 죽지 않는다. 그들은 먼 곳에서 살고 있다. 하지만 그들은 모든 것을 포괄하는 우주 안에 존재하는 것으로 이해된다. 중국인들은 또한 그들이 하늘이라고 부르는 장소를 알고 있다. 하지만 하늘은 더 넓은 우주의 지극히 한 부분이다. 그것은 탈세간적인 것이 아니고 우주의 완전한 한 부분이다.

그러므로 유교에서 종교적인 추구는 거의 항상 우주의 자연적 리듬 곧 자신의 본성으로 내재한 道나 理와의 조화를 유지하고 회복하는 것으로 서술된다. 인격의 성숙은 우주로부터 초월해 있거나 피하는 것이 아니라, 우주의 방식들과의 완전한 조화를 해 나가는 과정이다. 그들에게 현상적인 세계는 그 자체로 진리의 현현으로 인식되기 때문에 그러한 세계나 세계 질서를 부정하는 초월적인 입장은 없다. 다시 말해 인간은 자신의 실존이 놓여 있는 일상의 세계 속에서 자신의 정신적 성숙과 함께 우주적인 관계 망의 실현을 도모한다.

유교에서 그 자체로서 완전한, 하나의 조화로운 과정으로서의 우주는 연속성, 전체성, 그리고 역동성이라는 기본적인 특징을 갖고 있는 것으로 서술된다. 다시 말해 우주는 모든 존재가 연속적으로 연관되어 상호의존적인 관계를 맺고 있으며, 우주 자체는 그러한 모든 존재의 총체로서 전체성을 가지며, 우주는 고정불변의 상태에 있지 않고 변화하는 힘을 갖고 있다.

그리고 이러한 우주의 양태변화는 氣라고 하는 우주적인 힘의 활동으로 설명된다. 힌두교와 몇몇 원시문화들에서처럼, 전통적인 중국인의 사고 안에서 우주는 살아있는 것으로 주장된다. 우주는 항상 '활력 있는 힘' 혹은 '활력 있는 권능'으로 번역되는 기(氣)로 충만하고 가득 채워진 살아있는 것이다. 기(氣)는 '피와 호흡으로 결합된 심리─물리적 힘'을 가리킨다. 기로 충만한 우주는 흐르는 혈액과 호흡의 리듬을 가지는 살아있는 유기체로서 생각된다.

기에는 음양과 오행이 있으며, 이것들의 상호 작용 속에서 남녀를 비롯한 인간과 만물의 탄생과 변화가 발생한다고 유교인들은 상상한다. 음양은 기라는 우주적 권능이 갖는 양면성을 서술하는 개념으로서, 이것이 분화되어 오행 곧 木·火·土·金·水라는 요소들이 발생한다. 그리고 이 오행 사이의 상호작용으로 만물이 발생하는 것이다. 그런데 여기서 만물의 탄생에는 단지 이런 기의 차원만이 참여하는 것이 아니라 앞서 말한 道와 理가 같이 한다. 그러므로 현상적으로는 인간과 자연이 구분되어 보이지만 이 궁극적 실재의 자리에서 보면 본질적으로 모든 존재는 하나의 몸이 된다. 유교에선 이것을 '만물일체(萬物一體)'라고 표현한다.

이러한 만물일체의 사유에서 보면, 인간과 자연의 본질적 상응관계가 뒷받침된다. 다시 말해 인간과 자연은 그 현상적 영역에서 차이가 나는 듯이 보이더라도 그 구조에서는 동일하며, 그러한 동일한 구조를 상호 대응하면서 반복하게 된다. 이러한 사유가 바로 그 유명한 '천인합일(天人合一)'의 이상과 연결된다. 다음의 요약문이 이러한 사유의 특징을 잘 나타내 준다.

"이원적 힘(음양)을 가지는 우주와 마찬가지로 인간도 음과 양이 작용하는 하나의 자그마한 세계이다. 전자를 대우주라 하면 후자는 소우주라 할 만하다. 그리하여 하늘은 둥글고 땅은 평평한 것처럼, 인간의 머리는 둥글고 발은 평평하다. 하늘에는 해와 달, 별, 비 그리고 바람, 천둥과 번개가 있듯이, 인간에게는 두 눈, 한 벌의 이, 기쁨과 노여움, 음성과 음향이 있다. 산과 계곡, 바위와 돌, 나무와 수풀, 잡초와 잔디가 있는 지구는, 어깨와 겨드랑이, 뼈마디와 결절, 힘줄과 근육, 머리와 하체가 있는 인체와 비슷하다. 사지(四肢)는 사계절과 일치하며 열두 접합은 열두 달과 일치한다. 맥박은 열두 개의 강과 일치하는 열두 종류가 있다. 심장은 큰곰자리가 일곱 개의 별로 이루어지기 때문에 일곱 개의 구멍을 가지고 있으며, 인간의 해골은 지구의 공전주기와 같으므로 360개의 뼈가 있다."[69]

인간과 자연세계의 밀접한 상호관계는, 어느 한 곳에 혼란이 일어나면 또 다른 곳에서도 동일한 혼란이 일어나 상호 조응된다. 다시 말해서 세계는 상호 영향을 주는 관계를 맺고 있는 하나의 전체이기 때문에 한 부분에서의 변화는 그에 상응하는 다른 부분의 변화를 유도한다. 결국 끝없는 영향을 주고받으면서 변화한다. 그래서 자연세계에서의 홍수, 가뭄, 질병, 그리고 셀 수 없는 그 밖의 비정상적인 현상은 인간사회에서 일종의 각종 재앙으로 나타난다. 이는 자연계와 인간계가 상호관련이 있다는 구체적 증거인 것이다.

---

69) 허광·이동희, 『인간과 자연-환경 그리고 생태(환경윤리)』, 서울: 동일출판사, 2000. p.127.

이러한 자연계의 살아서 움직이는 변화 상태를 관통하여 총체적으로 설명하는 가장 기본적이고 중요한 개념을 중국의 고대 철학자들은 '역(易)'으로 제시하였다. 역이라는 것은 글자의 의미 그대로 변화를 뜻한다. 그것은 우주가 고정되어 있지 않으며 그것을 초월한 불변하는 본질도 없고 우주 안의 개별 존재 사이의 상호 관계에 의해서 계속 변화가 발생함을 가리킨다.70)

『주역』에서 말하는 천지인(天地人) 삼재(三才)는 상호 관계하는 존재로서 전체 우주를 구성하고 있다.71) 곧 하늘과 땅, 사람이 서로 협력하여 우주를 구성해 간다는 의미다. 이러한 사유에는 하늘과 땅이라는 우주론적 기반만을 강조하지 않고, 인간의 주체적인 역량을 강조하여 우주의 공동창업자의 지위로 상승시키려는 유교적 인본주의가 담겨 있다. 다시 말해 인간은 단지 우주의 부산물에 불과한 것이 아니라, 우주의 운행에 책임을 지고 자신의 선천적 역량을 발휘하여 조화로운 질서를 창출할 수 있는 존재다.

『주역』에서는 신이나 다른 외재적 운동 주체로서의 근본 실체라는 것은 찾아보기 힘들다. 실체는 다른 것의 의존 없이 고립적으로 스스로 존재하는 것을 의미한다. 그러나 유교의 세계 속에 고립적으로 또는 독립적으로 스스로 존재하는 존재는 없다. 모든 존재는 상대적으로 상호 관계하는 가운데에서 존재하고 있기 때문이다. 상관적 존재의 장으로서의 자연계에는

---

70) "역이라는 개념은 어떤 의미에서는 가장 구체적인 것이기도 하고 가장 추상적인 것이기도 하다. 여기에서 말하는 추상적인 의미는 모든 존재들의 실상을 하나의 개념으로 포괄하고 있기 때문이고, 구체적이라는 의미는 끊임없이 살아서 변화하고 움직이는 구체적인 변화를 현실 속에서 누구나 다 감각으로 느낄 수 있기 때문이다." 계명대학교 철학연구소 편, 『인간과 자연』, 서울: 서광사, 1995. pp.55-56.

71) "만물의 존재가 자리하고 있는 전체 우주로서의 천지는 바로 무한한 생명이 살아 숨쉬는 유기적인 통합체이다. 살아 움직이는 자연계의 모습은 천지 자체의 생성일 뿐만 아니라, 현상계에 존재하는 모든 만물 존재의 생성 과정이기도 하다. 이런 자연계의 생성 변화의 원인은 결코 외재적 운동인에 의해서 유발되는 것이 아니라, 자연계 자체가 가지는 작용이다." 같은 책. p.65.

절대적 일자(一者)도, 절대적 주체나 객체도 존재하지 않으며, 서로 의존하면서 존재할 뿐이지 독립적으로 존재하는 것은 찾아보기 힘들다. 다만 물질에도 속하고 주체에도 속할 뿐 아니라 객체에도 속하는 존재의 상관적 통합체로서 드러날 뿐이다.

『주역』에서 우리는 건곤, 천지, 음양, 남녀 등의 상대되는 많은 개념들을 발견할 수 있을 것이다. 여기에서 가장 대표적인 생명 은유(life metaphor) 또는 창조성 은유(creativity metaphor)를 찾을 수 있을 것이다. 가장 현저하게 나타나는 것은 천지의 교배(交配)로 말하는 건곤(乾坤)의 생성이다. 『주역』에서는 건곤이라는 기본적 은유로 상징되는 음양의 상호 작용으로 자연 만물의 변화와 생성을 설명한다. 즉 양의 성질인 강(剛)과 음의 성질인 유(柔)가 서로 작용하여서 변화를 일으키는 것으로 설명한다. 이것이 바로 자연의 법칙인 것이다. 이러한 자연 법칙으로서의 천도(天道)가 드러내는 규율은 단순한 기계적 법칙이 아닌 생명의 원칙을 말하는 것이다. 왜냐하면 우주는 부단히 생성 변화해 가는 유기적 과정으로 파악되고 있기 때문이다. 그러므로 『주역』에서는 '낳고 또 낳는 것을 역이라고 한다'(生生之謂易)고 말하는 것이다.

『주역』은 이런 '생'의 개념으로 동태적인 전체로서의 우주를 설명하고 있다. 이런 생명은 건과 곤으로부터 시작된다. "위대하도다! 건원(乾元)이여, 만물이 모두 그것에 의해 시작이 되니, 바로 하늘의 도를 통솔함이라. 건도의 변화는 각각 성명을 바로잡는다. 지극하도다! 곤원(坤元)이여, 만물이 모두 이것에 의거하여 이루어지니, (그것은) 바로 순전히 하늘의 도를 이어 받은 것이다. 곤은 두터워 만물을 싣고, 하늘의 무궁한 덕과 배합이 되고, 땅이 함축한 것이 넓고, 나오는 빛이 크니, 만물이 모두 그것으로 말미암아 형용하게 된다."[72]

우주 내의 모든 존재자들은 서로 분리되어 있지 않고 하나의 통합적인

---

72) 같은 책. p.67.

존재 계열 속에서 연결되어 있다. 이런 입장에서 천·지·인의 삼재의 이상이 제기되는 것이다. 『주역』이라는 책은 무한히 넓고 큰 범위를 가져서, 모든 것들을 다 갖추고 있는데 거기에는 천도와 인도, 지도가 있다. 여기에서 말하는 천·지·인의 삼재는 우주 속의 만물이 서로 생성하고, 서로 의존하고 있는 생성의 체계를 형성하고 있음을 말한다. 인간 역시 자연 속에 존재하는 일부분으로서 결코 자연의 바깥에서 자연을 관찰하지 않는다. 인간은 자연이 가지는 천지지심(天地之心)의 생생(生生)에 의해 발생하는 일부분인 것이다. 또한 인간은 이러한 역의 의미를 파악하여 천지 속에서 공동의 창조자로서 참여해야 함을 자각해야 한다는 것이 『주역』의 생태학적 의미라 할 수 있다.

중국의 풍수사상에도 건전한 생태학적 원리들이 있다. 풍수는 중국에서 고대로까지 거슬러 올라가며 아마도 3세기경 체계화된 것으로 추측된다. 그것은 인간과 자연의 기가 상호 영향을 준다는 사고를 담고 있다. 다시 말해 어떤 개체가 놓여 있는 공간의 기운에 따라 그곳의 개체가 영향을 받는다.

풍수는 우주적 호흡의 지역적 흐름과 협력하고 조화를 유지함으로써 산 자와 죽은 자의 거주지를 받아들이는 기술이다. 나쁜 결과들은 만약 집이나 묘가 주위 경관과 조화롭지 않을 때 발생하게 된다. 나쁘게 위치한 건물 안에 거주하는 자나 열악하게 위치한 무덤 안에 거하는 죽은 자는 악운, 가난과 불행을 겪기 쉽다고 생각된다. 반대로 적절하게 위치한 집이나 묘는 번영, 행운, 행복으로 이끈다. 풍수의 기술에 따른 적절한 위치잡음은 가까이에 있는 언덕들의 높이와 모양, 강물과 호수의 위치와 방향, 바람을 가두는데 적절한 건물이나 무덤의 위치와 관련된다. 건물의 높이와 모양은 또한 인간거주지와 그 땅의 형태와 리듬 사이에 가장 조화로운 관계성을 찾는 데 중요성을 갖는다.

풍수에서 터의 중요성을 말하는 것은 그 땅의 형태와 본능적인 조화를 반영하는 것처럼 보인다. 그것은 한 풍광 안에 주의 깊은 방향을 정하는 것이 인간의 번영, 안락함과 장수를 가져올 것이라는 확신을 반영한다. 투쟁하고, 저항하고, 괴롭히고, 위반하고, 그렇지 않으면 그 땅의 특성, 흐름, 형세를 무시하는 그러한 사람들은 고통을 당할 것이다. 반대로 이러한 지형적 형세에 적응하려고 노력하는 사람들은 힘을 받게 되며 번성할 것이다. 풍수의 근저에는 이와 같은 건전한 생태학적 원리들이 놓여 있음을 알 수 있다.

음과 양의 상보적 상호작용으로서 자연관과 풍수에 따라 인간 거주를 자리 잡는 것은 공히 중국의 산수화(山水畵) 안에서도 잘 나타난다. 중국에서 풍경화(landscape)라는 용어는 '山水'이다. 그 용어 자체는 음과 양의 표현이다. 초기시대부터, 산은 하늘과 양에 관련된다. 중국전통에서, 산은 하늘과 땅을 연결하는 우주적 중심을 나타내며, 불, 태양, 열, 빨강, 힘, 그리고 정신과 결합되며, 물은 커다란 심연과 창조성을 가지며 또한 부양하는 존재임에도 불구하고 번성하는 원리인 음을 나타낸다. 양과 결합된 산은 그것들에 대한 어떤 연대감, 고정성, 무게를 가지는 반면, 음과 결합된 물은 동작과 맑음으로 유형화된다. 대부분의 중국의 산수화는 산과 물을 공히 그린다. 이 둘은 더 나아가 조화로운 관계성으로 묘사되며, 그것의 목적은 우주에 충만해 있는, 하늘과 땅 사이의 조화를 묘사하는 것이다.

킨슬리는 중국의 산수화 안에서 대상들의 구별되고 차이 나는 활동성은 관계적인 균형을 생산하는 방식 안에서 주의 깊게 배열되고 있음을 밝혀내었다. "……초기시대부터 바위와 돌들은 단순한 지리학적 자연물 이상의 것으로 믿어져 왔다. 그것들의 무기질 함유물들은 의학에서 사용되었고, 그것들의 자연적 형식들의 다양성은 ……마술 안에 한 공간을 주었다. 그림에서, 그것들은 항상 땅의 골격 구조, 많은 형식들 안에 생명을 나타내는 물과 결합되어 있고, 하나의 살아있는 유기체의 그림을 구성하는 것으로 해석되어 왔다."[73] 간단히 말해서, 중국산수화에서 인간의 위치는 지배

---

73) Kinsley, D., 앞의 책. p.75.

적이기보다는 관계적이다. 인간존재(그들의 생산물과 거주지들)는 종종 주어진 그림에서 중요한 위치를 차지하기도 하지만, 항상 그들은 자연을 포함한 더 넓은 전체와 연결된다.

유교적 관점에서, 우주 안에서의 인간의 위치는 효(孝)적인 존경과 책임감에 비추어서 말해진다. 모든 다른 존재들과 같이, 인간존재는 하늘과 땅의 자식들이며 그러므로 모든 다른 존재들과 관련되며 책임이 있다. 중국사상에서 우주의 근본적인 특징인 지속성의 주제에 대해서, 유교도들은 친족(親族)의 차원을 덧붙인다. 즉, 모든 창조물들과 존재들은 같은 부모, 하늘과 땅의 자녀들로서 서로 연관되어 있다는 의미에서 연속적이다. 자연에 대한 적절한 태도는 효도의 형식으로 표현된다.

몇몇 자료들에서, 모든 창조물들의 상호연관성과 친족성은 더욱 친밀한 개념으로 표현된다. 유명한 신유학자 張載(1021-1077)는 『西銘』이란 글에서 다음과 같이 노래했다. "하늘은 나의 아버지이고 땅은 나의 어머니이며, 심지어 나와 같은 작은 사물조차도 그들의 한 가운데서 친밀한 위치를 발견한다. 그러므로 그것은 내가 나의 몸으로 여기는 우주를 통틀어서 확장되며, 내가 나의 본성이라고 생각한 우주로 향한다. 모든 사람들은 나의 형제요 자매이며, 모든 것들은 나의 동료들이다." 만약 모든 창조물들이 친족이며, 형제요 자매라면, 인간 존재는 맏형이며 맏언니가 된다. 이런 식의 사유는 우주의 질서에 맞춰 살아야 할 책무를 지고 있는 인간이 자연을 비롯한 모든 존재를 자신의 혈육으로 인식하게 해준다. 그러므로 자연은 당연히 이용과 착취의 대상이라기보다는 함께 조화로운 우주적 질서를 구현해야할 동지가 된다.

이러한 의미에서 유교의 자연관은 조화론적 인본주의라고 부를 수 있다. 우주 자신은 조화로운 완전한 질서를 자기 조직적인 방식으로 실현하고 있으며, 인간은 우주의 이러한 자기 구성 능력을 본받아 자신과 관련되어 있는 모든 존재 속에서 실현할 주체로 정립된다. 특히 고원한 사변적 담론이 아니라 일상생활의 인륜 관계 속에서 이러한 이상을 실천할 것을 유교는 강조한다. 이러한 의미에서, 유교는 분명히 인간사회와 인간관계에 초점을 맞춘 인본주의적인 것이다. 유교도들은 우주적 리듬과의 조화를 유지하고 더 확장해서 다른 종들과 세계에 대해 책임감을 실천할 것을 강조한다. 유교도에게 있어서, 인간존재는 다소 하늘과 땅과 창조의 나머지 사이에 서 있다. 인간존재는 특별하며 특별한 책임감을 갖는다.

서구의 생태학자들은 서구 기독교의 교리적 한계성에 대한 대안으로 동양의 종교전통에 관심을 기울였다. 불교의 비폭력과 무소유의 정신, 유교의 조화롭고 통합적인 우주관과 자연관은 이들의 관심을 끌기에 충분한 동양종교전통들의 긍정적인 생태학적 가치들이라고 할 수 있을 것이다. 그러나 우리는 유교전통 안에서도 부정적인 측면을 발견할 수 있다. 유교의 장묘문화를 그 예로 들 수 있을 것이다. 유교의 장묘문화는 토양의 침식과 다른 생물종의 서식지의 잠식 및 파괴를 초래한다. 특히 우리나라와 같이 좁은 국토에서 이러한 장묘문화가 존속한다면, 다른 생물 종은 차지하고라도 인간의 생활공간마저 잠식당하고 말 것이다.

사실, 지금까지 환경파괴문제와 종교와의 연관성을 연구하는 학자들에게 많은 비판을 받았던 것은 서구 기독교였다. 린 화이트는 서구 기독교를 오늘날 환경파괴의 주범이라고까지 혹독한 비평을 하였다. 그러나 일부 학자들은 서구 기독교에 대한 이러한 혹독한 비판에 대해 반론을 제기하면서, 오늘날 환경파괴문제에 있어서 서구 기독교에만 그 책임을 전가하는 것은 잘못된 것이며, 우리가 앞에서 살펴본 바와 같이, 다른 동양의 종교전통들 안에도 부정적인 측면들이 발견되며, 다른 한편으로 서구 기독교 안에도 긍정적인 생태학적 가치들이 있으며, 그러한 전통들이 있다고 주장하였다.

다음에 논의될 기독교의 생태학적 가치와 환경문제에서도 이 논문이 지향하고 있는 연구방법론중 하나인, 비교 문화적(Cross-Cultural Method) 방법론에 비추어서, 다른 동양의 종교적 전통들과 균형을 맞추고자 하며, 이에 따라 그 긍정적인 측면과 부정적인 측면을 아울러 고려하고자 한다.

2. 기독교와 생태학적 논쟁

우리는 앞에서 종교의 환경에 대한 영향을 논함에 있어서, 종교의 이중적 측면들을 살펴보았다. 그러나 본격적으로 종교와 환경 간의 관계성에 대한 논의에 불을 당긴 것은 린 화이트(*Lynn White*)의 "생태계 위기의 역사적 뿌리들"(*The Historical Roots of Our Ecologic Crisis*)이라는 논문이 발표되면서부터였다. 이번 절에서는 린 화이트에 의해 촉발된 기독교와 생태학적 논쟁이라는 주제에 초점을 맞추어 논하고자 한다.

1) 린 화이트와 생태학적 논쟁

린 화이트는 "생태계 위기의 역사적 뿌리들"이라는 흥미로운 논문에서, 생태계의 위기가 기독교의 잘못 때문이라고 주장하였다. 다시 말해 기독교의 창조이야기에서 창조주는 인간에게 인간 외의 다른 피조물들을 지배하고 다스릴 수 있는 절대적 권한을 주었고, 인간은 자연을 완전히 지배하고 정복할 때 창조 세계 안에서 그의 역할을 다하는 것이라고 생각하기에 이르렀다는 것이다. 이러한 기독교의 창조관은 인간중심적인 사고방식을 조장하였고, 과학·기술의 자연에 대한 착취와 지배를 정당화해 주었다는 것이 린 화이트의 지론이다. 사실상, 베이컨과 같은 계몽주의 사상가는 인간은 과학과 기술의 힘을 빌어서 자연에 대한 정복과 착취를 더욱 완전하게 밀고 나아가야 하며, 이것은 또한 아담이 실낙원을 다시 찾는 복락원의 열쇠이기도 하다고 주장하였다. 이와 같이 오늘날 환경파괴의 근원을 추적해 나가다 보면 그 근본에는 환경에 대한 파괴와 착취를 조장하고 있는 종교적 관습이나 교리가 있다는 것이다. 다시 말해 흔히 근대 기계적 자연관이나 계몽주의 전통에서 원인을 찾던 경향을 린 화이트는 서구 역사에 면면히 이어져온 기독교 전통으로 끌어 올려서 논쟁을 불러 일으켰다. 그의 관점은 다음과 같이 정리될 수 있다.[74]

기독교, 특히 서양적 형태의 기독교는 역사상 가장 인간 중심적인 종교이다. 기독교는 고대의 이교와 아시아의 종교들과는 달리 대조적으로 인간과 자연의 이원론을 확립했을 뿐만 아니라 인간이 자기 자신의 목적에 따라 자연을 착취하는 것이 하나님의 뜻이라고 주장하였다. 일반 사람들의 수준에서 이것은 아주 흥미로운 방식으로 작용하였다. 고대에는 모든 나무와 모든 강과 모든 시냇물과 모든 언덕이 그 자신의 수호신을 갖고 있었다. 이런 정령들은 인간에게 호감이 가는 존재들이었지만 인간과 비슷하게 생기지는 않았다. 켄타우로스, 파우니, 인어 등은 양면성을 보여준다. 인간이 나무를 베거나 산을 파거나 혹은 시냇물에 댐을 막는 등의 일을 하기 전에 그런 특별한 장소를 책임지고 있는 정령들을 달래고 가라앉히는 일이 중요하였다. 그러나 기독교는 이교적인 애니미즘을 타파함으로써, 자연의 대상물의 감정에 대해 냉정한 태도를 보임으로 자연을 착취하는 것을 가능하게 하였다.[75]

화이트에 따르면, 현대 우리의 과학과 기술은 모두 다 자연에 대하여 오만한 태도를 취하는 정통적 기독교 사상에 깊이 물들어 있기 때문에 생태계 문제에 대한 해결책을 기독교 전통에서 찾기 힘들다. 그가 보기에, 기술은 자연 정복이라는 관점을 자기 추동력으로 삼고 있는데, 그것은 바로 자연에 대한 무제한적인 착취를 뜻한다. 따라서 그는 단지 기술로만은 생태계의 문제를 해결하지 못할 것이라고 말하면서[76], 그 해결책으로 성

---

74) 아놀드 토인비(*Arnold Toynbee*)는 인간은 이제 이전의 신성의 빛을 박탈당한 자연환경으로부터 멀어졌다고 말한다 한다. "인간은 더 이상 신성불가침이 아닌 환경을 착취하도록 인가를 받았다. 인간이 원래 환경에 대해 가졌던 건전한 존경과 두려움은 이제 유대적 유일신론에 의해 추방당하였다." Kinsley, D., 앞의 책. p.103.

75) Schaeffer, F. A., *Pollution and the Death of Man*, Wheaton: Crossway Books, 1997: 프란시스 쉐퍼, 김진홍, 서울: 생명의 말씀사, 1995. pp.90-91.

프란치스코(*St. Francisco*)의 생태민주주의를 제시하였다.

> 우리가 겪고 있는 문제의 뿌리는 너무나 종교적인 것이므로, 그 치료
> 책 역시 본질적으로 종교적인 것이어야 한다. 우리가 그것을 무엇이라
> 고 부르든지 간에 말이다. 우리는 자연과 운명에 대하여 다시 생각하
> 고 신중히 고찰해 봐야 한다. 자연의 모든 부분들이 영적인 자율성을
> 갖고 있다는 대단히 종교적인, 그러나 이단적인 초기 프란치스코의 생
> 각이 하나의 방향을 제시해 줄 수 있을 것이다. 나는 성 프란치스코를
> 생태학자들의 수호신으로 삼자고 제안하는 바이다.77)

이러한 생태민주주의 제창은 린 화이트가 기독교 전통 안에서도 생태학
적 가치의 전승을 확인하고 이를 계승하여 발전시키고자 하였음을 보여준
다. 그는 환경문제에 종교 문화적 뿌리가 있다고 보았으며78), 동시에 자신
의 서구 전통 안에서 그러한 해결방안을 추구하는 것이 다른 종교의 생태

---

76) 칼 아메리(Carl Amery)는 화이트의 기독교 비판에 동조하였다. 그는 『섭리의
   종말』이라는 책에서 다음과 같이 창조론을 비판하였다. "첫째, 하나님은 피조
   물 가운데 인간만을 자신의 형상으로 만듦으로써 인간 존재에 특권적 지위를
   부여하였다. 둘째, '땅의 지배' 명령은 자연에 대한 인간의 '절대적 지배'를 의
   미한다. 셋째, 인간은 타락된 죄인임에도 불구하고 하나님의 구원이 약속된다.
   넷째, 창세기 8장과 9장의 홍수 심판 이후 노아와의 계약에서 짐승과 새와 물
   고기를 노아의 손에 붙이신다." 문금록, 「생태계 위기의 극복과 보전을 위한
   기독교 윤리적 접근」, 호남신학대학교 대학원, 2003. 1. p.30.
77) Schaeffer, F. A., 앞의 책. p.12.
78) 이에 관해 반 다이크(Van Dyke)는 화이트가 환경적 사고에 대한 세속적인 이
   해를 손상시키는 세 가지 일을 했다고 주장하였다. "첫째, 환경적 위기에 대한
   기술적인 해결책을 거부했다. 둘째, 인간 행위의 동기가 되는 것은 과학적, 정
   치적 또는 사회적 사고방식이 아니라 종교적 확신이라고 주장하였다. 셋째로,
   종교적인 근거에서만 주장할 수 있는 환경 처리 문제를 제기했다. 화이트는 유
   대·기독교적 사고의 신빙성에 커다란 해를 끼쳤지만, 그렇게 함으로써 종교적
   문제와 환경 문제를 연결시켰다. 그 투쟁에 뛰어든 것이다." Van Dyke, F.,
   Redeeming Creation-The Biblical Basis for Environmental Stewardship, U.S.A:
   InterVarsity Press, 1993: 반 다이크, 유정칠, 『환경문제와 성경적 원리』, 서울:
   IVP. 1999. p.180.

학적 가치를 무비판적으로 옹호하는 것보다 더 의미 있다고 보았다. 이전에 화이트는 동양 종교, 특히 선(禪) 불교 안에서 몇몇 가능한 도움을 발견하였다. 하지만 서구에 대한 그것의 적절성에 회의를 품었던 그는 "모든 하나님의 창조물들의 민주주의"를 실천하였던 아씨시의 성 프란치스코의 통찰에 대한 재발견을 제안하였다.79) 이는 그가 말기에 더욱 더 균형 잡힌 입장에서 기독교 전통을 바라보게 되었음을 보여주는 것이라 할 수 있다.

너무나 유명하게 된 화이트의 명제는 환경과학자들뿐만 아니라 철학계·종교계에도 큰 충격을 주었으며 격한 논쟁을 불러 일으켰다. 우선 그의 입장과 마찬가지로 환경문제의 해결을 위해서는 종교적인 개혁이 요청된다고 보는 견해가 있다. 이런 입장은 과학과 기술에서 파생되는 문제의 해결에 종교문화의 갱신이 중요하다는 인식을 보여준다. 예를 들어 생태학적 위기를 극복하기 위해서는 종교적인 개혁을 요구한다는 화이트의 인식에 동조하는 폴 굿맨(*Paul Goodman*)도 다음과 같이 주장한다.

현재 과학과 기술이 신중하고, 생태학적이고, 탈중심화되어 가기 위해서, 과학의 역사적 위기와 만나는 것은 하나의 종교적 개혁의 종류를 요구한다. 그러므로 내가 생각할 수 있는 가장 밀접한 유추는 프로테스탄트적 개혁이며, 도덕적 의무의 변화이며, 바빌론의 우상숭배로부터의 해방이며, 순수한 신앙으로의 복귀이다.80)

---

79) "그와 함께 개미는 더 이상 단순히 게으른 자에 대한 훈계가 아니라, 하나님과의 연합을 향한 영혼의 갈망의 신호를 반짝여 준다; 이제 그들은 형제 인간이 그 안에서 하는 것처럼, 그들 자신의 방식으로 창조주를 찬양하는, 형제 개미요 자매 불이다. ……자연과 인간에 대한 그의 독특한 관점은 우주적 겸손의 궁극적 제스처 안에서, 교수대 위에서 희망 없이 매달려 육신을 내 주었던, 그들의 초월적 창조주의 영광을 위해 만들어진 생물이든 무생물이든 모든 만물의 범심론(모든 만물에 마음이 있다는 생각)이라는 독특한 종류에 뿌리를 두고 있다." Barbour, I. G., Earth Might Be Fair-Reflection on Ethics, Religion, Ecology, New Jersey: Prentice-Hall, 1972, p, 138.
80) 같은 책.

하지만 이렇게 현대 환경파괴의 주범으로 유대·기독교전통에 책임을 지우고 있는 것은 유대·기독교 전통에 대한 몰이해에서 나온 것이라고 비판하는 견해도 대두됐다. 가령 유대교·기독교적 전통이 없는 지역에서는 환경보전이 잘 되었느냐는 반론이 당장 나왔으며, 환경오염의 주범은 종교전통이 아니라 근대 문명의 자본주의, 도시화, 인구 증가 등에서 찾아야 한다고 주장하기도 하였다. 또한 구약에서 말한 인간의 지배는 단지 인간 중심주의에 따라 자연을 착취하라는 의미가 아니라, 모든 생물이 지상에서 풍요롭게 증식하라는 의미였다고 해석하기도 한다.81) 가령 아이언 바버(Ian Barbour)는 화이트가 기독교 전통 안에서의 다양한 흐름들을 무시하였다고 주장하면서, 기독교 안에도 긍정적인 생태학적 전통이 오래 전부터 이어져 내려왔음을 강조하였다.

성 프란치스코 훨씬 이전에 다음과 같이 말한 사람이 있었다. '들의 백합화가 어떻게 자라는지 생각하여 보라. 수고도 아니 하고 길쌈도 아니 하느니라. 하지만 나는 너희에게 말한다. 솔로몬의 모든 영광으로도 이 꽃 하나만 같지 못 하였느니라'(마태복음 6장 28-29절). 그리고 그리스도 훨씬 이전에 당나귀들, 황새들, 가축들, 산양들, 사자들, 그리고 바다의 헤아릴 수 없이 많은 창조물들에 대한 하나님의 관심에 대해 증거 하는 시편 104편의 전통이 있다. 인간 못지않게 새들과 야생동물들, 그리고 파충류들을 구원해 달라고 비는 노아가 있다. 또한 6천명과 많은 가축들에 대한 하나님의 관심 때문에 니느웨로 보내진 요나가 있다. 그리고 거기에는 인간과 마찬가지로 참으로 자연에 대한 구원을 약속하는 메시야적 예언자들이 있다. 그리고 인간에게는 쓰임새가 없는—하나님이 오직 인간의 사용을 위해서 자연을 창조하신 것이 아니라는 증거인—악어와 하마에 대한 경이로움을 깨달은 욥이 있다. 성서 안에서 이러한 다양한 주제들로부터 신학적 전통의 다양성이 나온다. 황홀경적인 환희 안에서 러시아의 흙을 품었고 죽음과

---

81) 시민환경연구소 엮음, 『환경의 이해』, 서울: 환경운동연합출판부, 1993. p.128.

부활의 상징으로서의 밀알의 의미를 묵상하였던, 도스토옙프스키의 알료샤 카라마조프는 이러한 전통의 하나를 표현한다. 윌리엄 템플 (*William Temple*)은 모든 자연과 모든 우주는 내적이고 영적인 영광의 외적이고 가시적인 표상이라고 하는, '성례전적 우주 사상'과 '기독교 유물론'에서 또 다른 주제의 목소리를 내고 있다."[82]

생태계파괴의 원인을 전적으로 기독교에 돌리려는 화이트의 명제에 대해 켈리 파커(*Kelly Parker*)는 다른 방향에서 반론을 제기하였다. 그는 환경파괴의 원인을 현대 산업사회의 세속문화에 기인하고 있다고 주장하였다. 다시 말해 인간 존엄성을 강조한 사고를 초역사적으로 적용하여 환경파괴의 주범으로 몰기보다는, 16, 17세기 종교전쟁 이후 세속사회가 기독교적 세계에서 해방된 현대 산업사회에서 그 이유를 찾아야 한다고 주장한다. 왜냐하면 현대 산업사회의 정신적인 기초는 기독교적 세계관이 아니라 현대 세속문화이기 때문이다. 따라서 현대 환경파괴의 책임을 과거의 기독교 문화와 신학에 돌리는 태도는 역사적으로 정당하지 못하다.[83] 제임스 내쉬(*J. A. Nash*)는 캘리의 입장을 뒷받침하면서, 본래 청지기직을 의미하던 창세기 1장 28절의 '지배하라'는 성서 말씀이 착취의 의미로 변질된 데는 바로 기독교에 미친 서구의 문화적 영향력 때문이라는 결론을 내리고 있다. "기독교의 모든 양식은 언어와 의식에서부터 가치와 건축에 이르기까지 문화에 의해 형성된다. 우리의 신학적 사고의 구조는 사회구조를 반영하며, 우리의 신조도 항상 그것이 나오게 된 문화의 상대성을 반영한다. 기독교인상과 제도가 서구 문화에 막대한 영향을 주었다는 것은 의심의 여지가 없다. 그러나 서구 문화가 신앙의 표현에 끼친 영향은 아마 더 클 것이다."[84]

---

82) 같은 책. pp.140-141.
83) 문금록, 앞의 책. pp.31-32.
84) 같은 책. p.33.

우리는 린 화이트의 논쟁을 둘러싼 기독교와 환경파괴문제의 상관성에 대해 살펴보았다. 다른 종교전통들과는 달리 그 긍정적인 측면과 부정적인 측면이 매우 뚜렷하여 두 노선을 분명히 긋고 있음을 알 수 있다. 다음의 논의들에서 이 두 노선의 대표적인 사상가들의 자연관에 대해 살펴보고자 한다.

2) 자연 부정의 전통

① 오리겐의 자연감옥론

오리겐은 신플라톤주의적 원리들을 따라 자연과 물질을 폄훼하는데 앞장섰던 기독교 신학자이다. 그에 따르면, 하나님은 어떤 이성적인 영들의 영적인 타락 때문에 세계를 나중에 창조하였다. 그에게 물질세계는 타락한 영혼이 하늘로 복귀하기 위해 잠시 고난과 교육을 받는 장소에 불과하다. "하나님은 완전히 비존재의 영적으로 추락한 것으로부터 이성적인 영을 가진, 인간 존재를 보호하기 위하여 품위 있는 행위로서 세계를 창조하였다. 완전히 비존재로 가는 것 대신에, 타락한 영들은 물질세계 안에 빠지게 되었다. 물질 안에 빠지거나 싸이게 되면서, 이러한 타락한 영들은 그후 하늘로의 해방과 복귀와 하나님에게 가까이 가는 것을 갈망하게 되었다. 따라서 물질적 세계는 우선적으로 인간존재가 타락했던 것으로부터 순수한 영의 영역으로의 복귀를 위하여 시련과 고난을 통해 교육받는 장소이며 (속죄를 위한) 일시적인 고난의 장소의 종류로서 창조된 것이다."[85] 이런 입장에서 보면, 물질세계는 그야말로 독자적인 존재론적 가치를 전혀 갖지 못하며 단지 인간의 구원을 위한 배경 정도에 머물게 된다.

---

85) Santmire, H. P. *The Travail of Nature: The Ambiguous Ecological Promise of Christian Theology*, New York: Fortress Press, 1985. pp.49-50.

오리겐은 극단적인 금욕적 태도를 받아들였기 때문에 물질세계, 특히 인간의 육체에 대해 낮은 평가를 가졌다. "육체의 세계는 악령들의 세계이다. 불쾌한 물질은……사탄의 영역이다."[86] 인간들 아래 위계질서에 속하는 피조물들－짐승들, 식물들, 그리고 자연의 나머지들－은 타락한 영들로는 간주되지 않지만, 인간의 도덕적 교육을 위한 배경을 제공하는 목적을 가진 존재로 여겨졌다. 다시 말해 자연세계는 그 자체로 본질적인 영적인 본성이나 목적을 갖지 않으며 인간의 영적 상태 회복이라는 목적에 종속된다. 그러므로 "모든 인간이 구원받았을 때, 물리적 세계는 더 이상 목적을 가지지 않을 것이며 무로 돌아갈 것이다."[87] 결국 물질세계는 無라는 존재의 암흑 상태로 돌아갈 임시적인 존재에 불과한 것이다. 여기에는 정신/영혼과 물질/육체의 이원론이 철저하게 작동하고 있다고 할 수 있다. 당연히 존재론적인 가치는 전자에만 부여되며, 후자는 실용적인 가치만을 지닌다.

오리겐에게 몇 가지 어려움을 주었던 기독교의 부활한 육체의 개념에 대해서 그는 천상적인 순수함과 깨끗함을 갖는, 본성상 거의 완전히 영적인 육체를 이야기한다. 그러므로 구원은 우선적으로 물질적인 것에서 영적인 것으로의 상승 혹은 물질의 찌꺼기가 점차 사라지고 순수에로 상승하는 것이다. 그에게 있어서, 물질적 창조는 인류의 고향이 아니라는 것은 절대적으로 명백한 것이다. 그 고향은 물질이 아무 것도 없고 오직 고도의 영묘하게 된 몸만이 존재할 수 있는 존재의 사슬 안에서 모든 낮은 창조물들이 아무 것도 없는 하늘에 있다.

그는 자신의 신학을 성서에 적용하기 위하여 항상 성서 텍스트를 비유적으로 해석하였다. 예를 들자면, 그는 에덴동산으로부터 아담과 이브의 추방을 물질적 세계 속으로의 모반한 천사들의 타락으로 해석하였다. 히브리인들의 약속의 땅으로의 이주와 긴 여행은 구원을 향한 인간종족의 점

---

86) 같은 책. p.50.
87) 같은 책. p.51.

진적인 상승으로 해석하였다. 이집트는 물질세계의 구속의 상태로서 해석한 반면, 탈출은 하늘로의 복귀의 시작으로 해석하였다.

오리겐의 신학 안에서, 자연과 물질은 영적인 완성과 반대편에 놓여있다. 다시 말해 우리는 자연과 물질에 대한 분명하고 단호한 폄훼나 경시를 본다. 땅에서의 인간의 삶은 인간존재의 영적인 본성에 부자연스럽고 영적인 탐구 안에서 극복되어야 할 것으로 해석되었다. 자연은 단지 구원을 위한 탐구 안에서 인간존재를 교육하고 순수하게 하고 방향전환을 하는 그것의 역할이라는 개념으로만 해석되었다. 더 나아가, 자연은 인간존재의 영적인 본성을 제한하고 속박하는 새장이나 감옥으로 보여졌다. 새장이나 감옥은 결국 탈출하기 위한 장애물에 지나지 않는다. 이런 의미에서 현상세계와 자연은 사실상 그 자체의 고유한 존재론적 가치를 인정받지 못하고 있다.

> 영혼은 물질 안에 싸여 있다. 하나님은 가장 높은 것에서부터 가장 낮은 것에 이르기까지, 그것의 영적인 높이로부터 물질적 깊이에 이르기까지, 하나의 질서 잡힌 존재의 위계질서로서 세계를 창조하였다. 영혼들은 가장 높은 하늘들로부터 인간 차원에 이르기까지 위계질서의 상층부를 차지한다. 그러므로 물질 안에 갇혀 있는 모든 이성적 영혼 —살아있는 태양, 달, 그리고 별 위에 심지어 천사들과 대천사들보다도 상위에 있는—들은 그들 자신의 해방을 열망한다.[88]

오리겐은 하나님을 궁극적 무 존재를 향하는 영혼들의 타락을 멈추게 하기 위해, 영광스러운 행동의 한 종류로서 물질적—생명적 세계를 창조한 것으로서 묘사하고 있다. 그러므로 물질적 세계는 신적 자비심의 결과로서 존재하게 되었지만 그것의 더욱 근본적인 존재 이유는 타락이다. 오리겐에게 있어서, 본질적으로 물질적 세계는 정죄의 한 종류로서 창조되었다. 그러므로 우선은 신의 선물이란 측면을 갖고 있지만 본질적으로는 타락의

---

88) 같은 책. p.53.

반증이며 타락과 동일한 위상을 지니는 부정적인 존재에 불과하다.

오리겐은 위계질서 안에서 인간들 아래에 있는 파괴적인 야성과 닮은 세계를 묘사한다. 동물은 분명히 인간들과 같이 타락한 영들이 아니다. 동물들은 단지 인간의 도덕적 교육을 위한 정죄(淨罪)의 대리인들로 존재한다. 동물과 물질적 세계는 어떤 불쾌한 특성을 가지는 것처럼 보인다. 그는 인간의 창조를 아이의 탄생에 비견하였고 동물과 물질세계를 '유복자'로 비유하였다. 참다운 존재와 궁극적인 무 사이에 있는 물질세계는 인간이 영원히 머물러 있을 곳 아니라, 자신의 영혼을 정화하면서 탈출해야하는 감옥에 불과하다. 그런 의미에서 다음과 같이 말해질 수 있다.

> 창조주는 이성적 존재와 그의 자연적 지성을 섬기도록 하기 위해 모든 것을 창조하였다. 가시적 세계의 창조물들은 인간에게 대한 봉사와 물질적 세계를 넘어선 구원을 위한 인간의 추구를 위한 봉사 이외에는 어떤 다른 가치를 가지고 있지 않다.[89]

오리겐의 인간중심주의는 이레나에우스처럼, 균형을 강조하지 않는다. 그것은 단지 행정적인 것이 아니라 존재론적이다. 오리겐에게 있어서, 하나님이 인간의 삶을 돌보실 뿐만 아니라 자연의 전체세계를 포용하고 부양하시는 것으로 생각하는 것은 하나님에게 불명예가 되는 것이다. 신적 섭리의 궁극적 목적은 모든 이성적 창조물들을 그들의 원래 상태로 되돌리는 것이다. 종말은 이성적 영혼들을 하나님과의 원래적인 비물질적 연합을 회복하도록 가능하게 하기 위해 마련된 것이다. 종말에 물질적 세계는 그들이 왔던 무(無, nothingness)로 되돌아가게 된다.

오리겐은 '이 세계의 이집트로부터 위의 약속된 땅'으로의 상승과 그러한 여행의 단계들을 추적한다. 영혼은 이를 통해 '그것의 안식에로의 복귀', 즉 '낙원 안에 아버지 땅으로의 복귀'를 가지게 될 것이다. 이것은 기독교

---

89) 같은 책. p.54.

94

인들에게 영감을 주려는 그의 충고이다. 그는 상승의 비유를 통해 물질적 세계 위로의 극단적 상승에 관해 말했다. 그는 다음과 같이 적고 있다.

> 만약 당신이 야생 안으로 떨어지지 않고, 아버지의 약속된 땅을 획득 하기를 원한다면, 당신은 땅 안에서 몫을 가지지 말아야 하거나 당신 은 땅과의 공통적인 것 어떤 것을 가지지 말아야 한다. 당신의 몫이 오직 주와 함께 있게 한다면, 당신은 결코 타락하지 않을 것이다. 그 러므로 이집트로부터 약속의 땅으로의 상승은 우리가 신비적 서술들 안에서 하늘로의 영혼의 상승과 죽음으로부터 부활의 신비를 가르쳤 던 바로 그러한 것이다.90)

전술한 것처럼, 오리겐의 인간중심적 세계관은 생태문제에 있어서 기독 교의 부정적인 전통을 세웠다. 그것은 자연을 벗어나야할 감옥으로 여기는 태도의 전통을 말한다. 이러한 전통은 다음에 거론될 루터와 칼빈의 자연 관의 형성에도 커다란 영향을 미쳤다.

② 루터와 칼빈의 인간 중심 자연관

종교개혁자 마르틴 루터(1483-1546)와 존 칼빈(1509-1564)은 또한 오리 겐의 견해를 받아들여서, 자연을 단지 인간 구원을 위한 배경이자 훈련의 장소 정도로 보았다. 그들이 비록 구원에 대한 기술들에서 땅으로의 하나 님 강림을 강조하였지만, 예수의 인격 안에서 하나님의 땅으로의 강림은 우선적으로 인간존재의 구원과 관련이 되어 있으며, 자연의 위상과는 아무 런 관련이 없다. 자연은 그 자신의 권리보다는 오히려 하나님의 영광과 자 연의 계시에서 더 많은 관심을 받는다. 그것은 우선적으로 인간존재와의 관련성의 개념 안에서만 관심의 대상이 된다. 루터에게 있어서, 자연은 하 나님에 의해 우선적으로 인간존재를 위한 거주지로 계획된 것이다. 예들

---

90) 같은 책. p.56.

들어 밤과 낮은 우리 몸의 휴식을 통한 갱신이라는 목적을 위해 교환되는 것이다. 태양은 노동이 이루어지게 비춰준다.

　루터는 또한 자연에 대한 부정적인 관점을 보여준다. 루터는 자연을 일반적으로 하나님의 진노의 손인 '하나님의 좌편 손'에 있는 것으로 생각한다. 루터는 다음과 같이 썼다. "하나님의 분노는 땅위에 모든 창조물들에게 나타난다. ……그리고 가시, 엉겅퀴, 물, 불, 쐐기벌레, 파리들, 그리고 빈대는 무엇인가? 집단적이든 개인적이든, 그것들 모두는 죄와 하나님의 분노에 대하여 우리들에게 전파하는 메신저들이 아닌가?"91) 다시 말해 루터에게 있어서, 자연은 사람과의 동일한 대화의 상대가 아니다.92) 그는 자연 안에서 하나님의 영광의 증거도 보지 못하였다. "자연은 종종 어떤 식으로든지, '하나님의 우편 손'을 추구하고 거기에 들려고 하려는 영혼의 노력을 좌절시키려는 적대적인 에너지의 음모이며……자연은 그리스도의 인격성을 추구하는 영혼을 좌절시키려고 노력을 갖는다."93)

　칼빈의 저작들의 중심적인 주제는 인간존재와 하나님과의 관계성이다. 자연은 이차적인 것이며, 인간구원의 드라마를 위한 배경에 불과한 것이다. 칼빈은 자연에 대한 하나님의 원칙적인 관계성을 통치자로서 파악하였다. 하나님은 자연을 지배하고 다스린다. 하나님의 대리인이자 특별한 창조물인 인간 존재는 자연과의 관련성에서 이러한 통치와 지배의 관계성을

---

91) 같은 책. p.125.
92) 정용화는 루터의 사유 속에서 나타나는 자연과 초자연과의 이분법적 도식은 어거스틴에게서 근원을 찾을 수 있고, 이러한 전통이 19세기에 이르러서도 여전히 유효하게 나타나고 있다고 주장하였다. 그는 루터의 종말론에 이러한 점이 잘 나타나고 있다고 다음과 같이 밝히고 있다. "루터는 그의 종말론에 있어서 자연의 세계는 부정적인 것으로 나타나는데 루터와 초기 루터교회 신학자들은 모든 그리스도인들이 '피조물들의 전체와 함께 부활의 날을 경축할 수 있는' 우주적 새 창조의 희망을 말하고 있다. 후기 루터교회 신학자들의 교의학에서는 우주적인 새로운 세계의 창조희망은 나타나지 않고 오히려 자연의 세계는 파괴되고 없어져야 할 것으로 나타난다." 정용화, 「창조보존에 관한 기독교 윤리학적 연구」, 장로회신학대학교 신학대학원, 1994. 12. p.17.
93) 같은 책.

모방한다. 칼빈의 강조점은 자연과 대화하는 것이나 인간의 구원적 탐구 안에서 자연을 초월하는 것에 있지 않다. 그 강조는 하나님의 영광을 위해서 그것을 개선시키거나 개조하는데 있다.

　루터와 칼빈은 하나님이 무로부터 세계를 창조하였다는 믿음에 따라, 하나님과 자연과의 관계에 대한 이해의 기초를 가지고 있다. 하나님은 물질적 존재들을 만들지 않았다. 이는 하나님에 선재해서 물질적 존재가 있지 않음을 말한다. 다시 말해 시간상으로도 하나님은 모든 존재에 우선한다. 그런 하나님은 단순히 말씀으로 그것들을 창조한 것이다. 루터는 천계(天界)를 창조함에 있어서, 하나님은 자연에 의존하지 않았다고 말한다. "하나님은 말씀으로 하늘들을 존재하게 하였고, 같은 말씀으로 지구의 모든 것들을 창조하였다."[94] 칼빈은 말씀을 '하나님이 인간을 제외한 모든 것을 무로 창조하고 보존하는데' 있어서 도구로 보았다.

　『기독교 강요』에서 섭리를 논의할 때, 칼빈은 하나님과 자연세계와의 관계성에 대한 그의 체계적인 관점을 보여준다. 그는 자연 안에서 하나님의 활동은 영속하며, 자연 안에 그 무엇도 오직 자연적 원인만으로 돌릴 수 있는 것은 아무 것도 없다는 점을 분명히 하였다. 하나님은 창조물들의 현존을 지탱하며, 그의 힘과 운동으로 창조된 존재들의 기운을 북돋우며, 그는 전체로서의 자연과 자연적 사물들의 종말을 결정한다. 어떤 상황 하에서도 자연은 내재적 목적들을 향해 그 자신의 힘으로 달리는 독자적인 존재로서 볼 수 없다.

　칼빈은 자연이 완전하게 만들어졌다거나 심지어 사건들의 부분적 원인이라고 하는 모든 자연관들을 반박하였다. 그에게 자연은 원인성이 부재하다. 자연적인 사물들은 오직 하나님이 활동하시는 도구들이다. 그는 다른 도구들을 선택할 수도 있고, 아니면 아무 것도 선택하지 않을 수도 있다. 예를 들어 식물 번식의 원인으로 태양을 논의하는 것에 대해서, 칼빈은 창

---

94) 같은 책.

세기는 태양의 창조 이전에 과일들과 허브들의 창조를 서술하고 있다고 언급하였다. 그는 다음과 같이 결론을 내렸다: "그러므로 한 신적인 인간이 태양의 창조 이전에 존재한 이러한 것들의 원리적 혹은 필연적 원인으로서 태양을 만들지 않았을 것이지만, 단지 그가 그렇게 의지했다면, 하나님이 사용하는 도구일 뿐이다. 그다지 어려움을 갖지 않고, 하나님은 그것을 버렸고, 그 스스로 활동하였다."95)

하나님의 사역의 도구들로서, 자연적 사물들은 내재적 활동성이나 목적을 가지지 않는다. 비록 그것들이 창조 때 어떤 성격 혹은 특성을 부여받았더라도, 하나님의 말씀으로부터 떠나서 이러한 성격이나 특성은 무익한 '경향성'일 뿐이다. 다시 말해 어떤 성격의 존재론적인 가치는 하나님 말씀과의 관련 아래서만 가능하다. 루터와 마찬가지로, 칼빈도 한 사물의 행위는 전적으로 하나님에게 의존하는 것이라고 보았다.

> 무생물적 대상과 관련해서, 우리는 비록 각각의 것이 본성상 그것 자신의 특성이 부여되어 있다 할지라도, 그것은 하나님의 영속적인 손에 의해 방향 지워진 한, 예외적으로 그 자신의 힘을 행사할 수 없다는 것을 주장해야 한다. 그러므로 이것들은 하나님이 지속적으로 의지하는 대로 많은 효과성을 부여하고, 그의 목적에 따라 한 가지 행동 혹은 또 다른 것으로 그것들을 굽히고 변형시키는 도구들일 뿐이다.96)

하나님은 물, 바람, 혹은 나무들과 같은 자연적 사물들에게 그들의 본성에 따라서 살든지 그것에 거슬러서 살든지 명령하였다. 두 경우에, 그들의 행동과 목적은 하나님에게 의존한다. 예를 들면, 칼빈은 지구는 무겁고 우주의 중심을 향한 자연적 경향성을 가진다고 하는 아리스토텔레스에 동의한다. 하지만 칼빈은 왜 그때 물은 지구의 표면을 덮지 않는가? 라고 물으면서, 왜냐하면 하나님은 거주할 수 있는 지구를 만들기 위해서 물을 붙잡

---

95) 같은 책. p.176.
96) 같은 책.

고 있기 때문이다. 간단히 말해서 비록 물들의 자연적 경향성은 지구를 덮는 것일지 몰라도, 이것은 발생하지 않을 것이다. 왜냐하면 하나님은 그의 말씀으로 반작용적 법칙을 설립하였고 그의 진리는 영원하므로, 이 법칙은 영원히 지속될 것이기 때문이다. 그러나 홍수시대에 하나님은 그 반작용법칙을 제거하였고, 물들이 그것의 자연적 과정을 따르도록 허용하였다. 여기에서 다시금 칼빈은 하나님의 말씀에 대한 자연요소들의 완전한 순종을 보았다.

> 세계는 하나님의 말씀의 힘과는 다른 어떤 힘에 의해 적절하게 존재
> 할 수 없다. 그러므로 세계는 물의 비유에서 설명된 것처럼, 그것들은
> 그들 자체의 힘을 가지지 않으며, 오히려 열등한 요소로서 하나님의
> 말씀에 복종한다. 하나님이 지구를 파괴하는 것을 기뻐하시자마자, 물
> 은 죽음을 가져오는 홍수로서 복종을 보여주었다. 우리는 지금 그들의
> 본성이 하나님의 의지에 수정될 수 있는가가 아니라, 오히려 자연적
> 요소들 안에서 영원함을 발견하려고 하는 참으로 어리석은 사람들을
> 볼 수 있다.97)

위의 내용을 참고해 보면, 루터와 칼빈의 개혁주의 사상에서 자연과 하나님의 관계성에 관한 핵심적인 관점을 정리해 볼 수 있다. 그들은 자연을 인간 구원을 위한 배경으로만 인정하였으며, 이런 인간중심적 자연관에 따라 자연을 철저하게 수동적인 피조물로 인식하고 그것에 어떠한 원인성과 목적성도 부여하지 않았다. 왜냐하면 이런 것들은 오직 하나님에게만 귀속될 수 있기 때문이다.

이번 절에서 언급된 오리겐을 중심으로 해서 루터와 칼빈에게 이르는 인간중심적 세계관이 환경에 부정적인 영향을 미쳤다는 점에 대해서 많은 기독교 비판가들이 지적하였다. 이들의 비판의 초점은 이들 신학이 인간 구원을 지나치게 강조함으로 인하여, 하나님의 창조세계에 대해서는 도외

---

97) 같은 책. p.178.

시하였고, 단지 창조세계도 인간 구원의 목적을 달성하기 위한 수단 내지
는 배경에 불과한 것으로 전락시켰다는 것이다. 다음에 거론될 긍정적인
노선에 있는 기독교 신학자들은 이러한 문제의식을 가지고 인간 구원 문
제보다는 하나님의 창조세계에 대해 더 관심을 기울였다. 이들은 이른바
구원신학들에 의해 무시되어 왔던 창조의 하나님에 대한 재평가를 시도하
였다. 이들은 인간도 다른 피조물들과 마찬가지로, 하나님에 의해 창조된
피조물에 지나지 않으며, 창조질서 안에서 인간의 역할은 다른 동료 피조
물들을 잘 보전하고 관리하는 청지기라는 점을 강조하였다. 다음절에서는
이레나에우스(*Irenaeus*)를 필두로 전개되는 기독교의 긍정적인 생태학적 전
통을 살펴보고자 한다.

3) 생태학적 전통

① 이레나에우스의 자연 긍정

동시대에 살았던 오리겐과는 달리, 이레나에우스(130-200)는 물리적인
몸과 물질적 창조물들에게 긍정적인 관점을 취하였다. 그에게, 물리적인
세계는 인류를 구원하려는 하나님에 의해 특별히 창조된 집이다. 신적인
계획은 전체 창조물들이 완성을 향해 가는 것이다. 이레나에우스에게 있어
서, 창조물들이 인류와 함께 구원을 받는 것이 하나님의 계획이다. 전체로
서의 창조는 부활을 위한 신적인 계획의 부분이다. 하나님은 물질적 창조
로부터 멀리 떨어져 있는 것이 아니라, 그 안에 깊이 잠겨 있다. 아버지와
같이, 하나님은 그의 창조물을 부양하고 마음을 쏟는다. 이런 측면에서 자
연은 결국 무 존재로 돌아갈 부정적인 존재가 아니라 하나님의 부양에 의
해 뒷받침 받고 있는 피조물이 된다.
이레나에우스는 많은 기독교 신학자들과는 달리 '아담의 죄로 인해 저

주받은 땅'이라는 주제를 최소화한다. 그가 보기에 타락 이후 창조물의 대다수는 하나님의 의지에 복종한 채로 계속해서 남아있다. 따라서 자연은 그것의 선함을 지탱하고 있다. 이레나에우스는 또한 인간의 몸에 대해서도 긍정적인 관점을 갖는다. "인간의 몸은 '하나님의 솜씨 좋은 흔적들'을 증거하며, 많은 방식 안에서 하나님의 위대한 지혜를 보여준다."[98] 이레나에우스에게도 창조와 신적인 계획에 있어서 인간의 중심성을 강조하고 창조의 본성을 어떻게 인류를 구원할 것인가에 비추어서 해석하려는 경향이 있지만, 그는 물리적 창조와 인간의 몸에 대한 전체적인 평가에 있어서 긍정적이다.

이레나에우스는 자연을 하나님이 인간에게 주신 집(고향)－타락한 인간을 구원하기 위하여 육체를 입으신 하나님에 의해 축복 받고, 포용 받으며, 돌봄을 받고 또한 전체 창조의 최종적 부활이 일어나는 곳－으로 보았다. 다시 말해 자연 세계를 벗어난 초월의 자리가 자연 속에서 부활이 발생하는 것이다.

이레나에우스의 사고방식에 따르면, 세계를 창조함에 있어서 하나님의 원래적인 의도는 모든 존재들을 마지막 완성 혹은 완전함에 이르게 하는 것이다. 그러므로 심지어 아담이 죄를 짓지 않았다 할지라도, 마지막 완성이 있는 것이다. 그는 아담을 성장을 목표로 하는 아이로서 하나님에 의해 창조된 존재로 묘사한다. 그러므로 전체 창조는 인간의 죄에 의해 가공된 어떤 분열과 상관없이, 성장과 완성의 역사를 향해 나아가는 것이다. 더 나아가 이레나에우스는 비록 아담이 죄를 짓지 않았다 할지라도, 하나님에 의해 계획된 화육이 또한 발생하였을 것이라고 확신한다. 이제 아담은 사실상 죄를 지었고, 그의 상속자들은 악마의 속박 안에 머물러 있다. 그러므로 그리스도는 이러한 사고방식에 따라, 이중적 소명을 갖는다. 한편으로는 창조를 완성하고, 다른 한편으로는 인간을 구원하는 일이다. 그것은

---

98) Santmire, H. P. 앞의 책. p.39.

아마도 그때 우리는 '구원(salvation)'이라는 개념을 그리스도의 소명의 첫 번째로 보편적－종말론적 국면으로 보고, '해방(redemption)'이라는 말을 두 번째 특별하고 인간학적 국면이라고 할 수 있을 것이다.99)

이레나에우스는 하나님으로부터 유출된 세계에 대한 추론을 거부한다. 이것은 단지 그가 철학적 사색에 반대하였기 때문이 아니라, 그가 모든 것들에 대한 창조주의 손들의 가까움을 확증하기를 원하였기 때문이다. 같은 어조로, 이레나에우스는 그의 손들의 작업들을 통해 전체 창조에 대한 풍부하고 다양한 조화와 축복을 부여하는 창조주를 떠 올렸다. 다시 말해 창조주는 모든 존재의 자기 위상에 걸 맞는 방식으로 존재를 만들고 그에 따라 배치하였으며, 모든 존재에게 조화를 부여하였다.100)

더 나아가 비록 아담의 죄 때문에 땅은 저주받았다는 창세기 주제를 반복하고 있다 할지라도, 그는 우주적 타락의 주제를 받아들이지 않았다. 만일 우주적 타락의 주제를 받아들이게 된다면 그 역시 부정적인 자연관을 가진 신학자와 같아졌을 것이다. 그런 주제를 수용하지 않았기 때문에 그의 시각에서 자연은 일반적으로 그것의 창조된 선함을 유지하고 있다.

그에게 인간은 하나님의 전체 창조의 한 중간에, 몸 안에, 그리고 더욱 일반적으로 자연 안에 '집이 있다'(at home)고 적절하게 말할 수 있다. 이레나에우스에게 있어서 인간육체는 인간 삶에 본질적인 것과 떨어져 있는 것이 아니다. "인간들은 몸 안에 집이 있는 것처럼, 일반적으로 물리적 세계 안에 집을 갖는다. 그들은 지상경험과 영적 경험 안에서 살고 있다. 참으로 두 가지, 몸과 영혼의 더욱 밀접한 연합 안에 있다."101)

이레나에우스의 관점 안에서, 전체 창조는 선함, 조화, 아름다움, 그리고 삶으로 매시간 충만 되어 있다. 그리고 모든 것은 하나님의 손들로부터 지속적으로 축복을 받고 있다. 하나님은 초월의 자리에서 명령을 전달하는

---

99) 같은 책.
100) 같은 책. p.40
101) 같은 책. p.41.

멀리 떨어져 있는 통치자가 아니다. 오히려 하나님은 모든 것들을 포함하고, 그들 안에서 풍부하게 사역하고, 그들에게 그들의 개별적인 공간들을 주며, 모든 것들에 조화를 가져다주는 분이다. 인간 창조물은 이와 마찬가지로 멀리 떨어진 세계에서 나그네나 순례자가 아니라, 창조 안에 집을 두고 있다. 인간성은 지속적으로 땅의 열매들에 의해 축복 받는다. 인간 창조물은 하나님으로부터의 특별한 선물을 받은 존재이며, 다가올 시간들 안에서 메시야적 향연에 참여하게 된다. 그는 상승의 비유에 의해 형성된 사상의 공간 안에서, 선한 땅으로의 이주의 비유와 풍성함의 비유를 제시하였다. 이러한 땅의 긍정은 우리에게 생태학적 가치를 열어준다.

이레나에우스의 사상은 나중에 서구 신학이 그렇게 했던 것과 같이 단일하게 죄와 은총의 교리와 어휘에 초점을 맞추지 않았다. 오히려 통일되고 보편적인 창조 역사의 신학을 제시하였다. 그에게 하나님과 인간은 존재론적으로 자연으로부터 멀리 떨어져 있지 않다. 오히려 하나님과 인간은 일반적으로 육체의 세계와 물질적－활동적 창조 안에서 고향을 갖는 존재이다. 이에 따라 이레나에우스에게 있어서, 자연에 대한 인간 지배는 찾아볼 수 없는 주제라고 말할 수 있을 것이다. 그 강조는 목적론적인 활동이 아니라, 연합에 맞추어져 있다. 이레나에우스는 이러한 그리스도 안에서의 회복과 완성을 다음과 같이 웅변적으로 역설하고 있다. "세상의 창조주는 진실로 하나님의 말씀이다. 그리고 그분은 우리의 주님인데, 마지막 때에 사람이 되었으며, 이 세상 속에 존재하였다. 그리고 보이지 않는 방식으로 창조된 모든 만물을 포함하고 있으며, 전체 피조물 안에 본래부터 거하고 있던 분이다. 이는 하나님의 말씀이 만물을 다스리고 배열하기 때문이다. 그러므로 그분은 가시적인 방법으로 자기 자신의 소유물 속에 왔으며, 육체를 입었고, 십자가에 달렸으며, 자기 자신 안에서 모든 만물을 완성하였다."102) 그의 이런 관점은 비록 창조주와 피조물의 관계이지만, 하나님과

---

102) Carson, D. A., & Woodbridge, J. D., *God & Culture*, New York: WmB. Eerdmans Publishing Co., 1993: D. A. 카슨·존 D. 우드브리지, 박희석, 『하

자연이 본질적으로 연관되어 있는 관계를 형성함을 말해준다. 103) 이와 같이 이레나에우스는 창조와 구원을 총체적으로 보았으며, 인간과 자연을 함께 그 대상으로 생각하였던 것이다. 이러한 그의 사상은 성 프란치스코의 생태민주주의 사상으로 흘러 내려오면서 기독교의 생태학적 영성에 한 전통을 이루고 있다.

② 성 프란치스코의 생태적 민주주의

아씨시의 성 프란치스코(St. Francisco of Assisi, 1182-1226)는 이레나에우스의 신학적 전통을 이어받아 이른바 생태적 민주주의를 실천에 옮긴 인물이었다. 생태적 민주주의에는 기본적으로 자연의 모든 존재를 그 자체의 고유한 가치로 인정하는 태도가 전제되어 있다. 그래서 성 프란치스코에게 있어서, 자연 세계는 인간 존재들을 위하여 먹을 것과 입을 것과 거주할 곳을 제공해 주고 있다는 식의 실용주의적인 관점에서 파악되지 않는다. 오히려 그는 모든 생명체를 신의 선물로 받아들여 감사와 찬양을 하게 된다. 성 프란치스코에게 있어서 이 세계에 존재하는 모든 창조물들은 하나님의 현존을 비추어 주는 거울이었다. 좀더 정확히 이해하자면, 이 모든 것들은 사람들을 하나님께 닿게 해주는 사다리였다. 다시 말해 인간은 세계의 모든 창조물을 통해 하나님에게 도달할 수 있다. 그런 면에서 모든 존재는 성스러운 통로의 역할을 할 수 있는 것이다. 이러한 접근 방법 배

나님과 문화』, 서울: 크리스챤다이제스트, 2001. p.47.

103) 아타나시우스(Athanasius)는 이레나에우스가 본 그리스도와 창조 사이의 관계를 매우 감동적으로 서술하였다. "그러므로 우리는 세계의 창조와 창조주 하나님으로부터 시작할 것이기에, 당신이 반드시 이해해야 할 첫 번째 사실은 이것이다: 창조물을 새롭게 함은 태초에 그것을 만든 동일한 말씀에 의해 발생하였다. 그러므로 창조와 구원사이에는 불일치가 전혀 없다. 그러므로 한 성부는 창조와 구원, 이 두 사역을 위하여 동일한 대리인을 고용하여 처음에 세상을 만들었을 때 사용했던 동일한 말씀을 통하여 세상의 구원에 영향을 미쳤다." 같은 책.

후에는 자연을 지배하고자 하거나 변혁하고자 하는 그 어떤 의지도 숨어 있지 않다. 성 프란치스코는 자신이 '창조물들의 노래'에서 생물과 무생물 모두를 포괄하는 창조계 전체를 혈족 관계로 바라본다. 성 프란치스코의 생태적 민주주의 사상이 깊이 묻어나 있는, 그의 「태양의 노래」는 다음과 같이 펼쳐진다:

태양의 노래[104]

> 지극히 높으시고 전능하시고 자비하신 주여!
> 찬미와 영광과 칭송과 온갖 좋은 것이 당신의 것이옵고
> 호올로 당신께만 드려져야 마땅하오니 지존이시여
> 사람은 누구도 당신 이름을 부르기조차 부당하여이다
> 내 주여, 당신의 모든 피조물 그 중에도
> 언니 해님에게서 찬미를 받으사이다
> 그로 인해 낮이 되고 그로써 당신이 우리를 비추시는
> 그 아름다운 몸, 장엄한 광채에 번쩍거리며
> 당신의 보람을 지니나이다, 지존하신 이여
> 누나 달이며 별들의 찬미를 내 주여, 받으소서
> 빛 맑고 절묘하고 어여쁜 저들을
> 하늘에 마련하셨음이니이다
> 언니 바람과 공기와 구름과 개인 날씨
> 그리고 사시사철 찬미를 내 주여, 받으소서
> 당신이 만드신 모든 것을 저들로써 기르심이니이다
> 쓰임 많고 겸손 되고 값지고도 조촐한 누나
> 물에게서 내 주여, 찬미를 받으시옵소서
> 아리땁고 재롱 피고 힘세고 용감한 언니

---

104) Doyle, E., St. *Francis and The Song of Brotherhood*, London: Ge ge Allen & Unwin Ltd., 1980: 에릭 도일, 정현숙, 『성 프란치스코의 태양의 노래』, 경북 왜관: 분도출판사, 1994. pp.67-68.

불의 찬미함을 내 주여, 받으소서

그로써 당신은 밤을 밝혀 주시나이다

내 주여, 누나요 우리 어미인 땅의 찬미 받으소서

그는 우리를 싣고 다스리며 울긋불긋 꽃들과

풀들과 온갖 가지 과일을 낳아 줍니다.

성 프란치스코의 언어와 생각, 그의 '언니 해님'과 '누나 달' 등과의 사랑스런 관계는 서구 전통의 사유와 상당히 이질적이며 동양이나 인디언의 사유와 유사하다.[105]   그는 신을 전적으로 자연과 동일시하는 것도 그리고 하나님에게서의 일체의 초월적 차원을 부정하는 것도 모두 피하고 있다. 그는 하나님과 이웃을 사랑하라는 그리스도교적 부름을, 대부분의 그리스도 전통 안에서 유지되어 온 하나님-인간과 자연 간의 분열을 치유하는 방식으로 응답하고자 하였다. 이런 의미에서 그는 우주 전체를 하나님의 동일한 창조물로 받아들이는 포용된 태도를 가졌던 것이다.

맥도나휴(McDonagh)는 그의 『땅의 신학』에서, 성 프란치스코의 생태신학은 생태 윤리와 관련하여 우리에게 많은 것을 가르쳐 주고 있다고 말하였다. "우리가 살고 있는 이 소비사회가 가난한 사람들과 지구 자체를 해치기에 이르도록 재산을 축적하려는 욕망에 사로잡혀 있기 때문이다. 성 프란치스코는 모든 생명에 대한 경외와 그것들과의 친밀한 관계는 사물들을 소유하고자 하는 일체의 욕구를 막아준다고 생각하였다. '머리 둘 곳조차 없는' 예수의 참된 추종자는 생명을 지탱시키는 데 필요한 것을 오로지 땅으로부터 얻어야 했던 것이다."[106] 맥도나휴는 특히 성 프란치스코에

---

105) 자연 세계에 대한 성 프란치스코의 사랑은 독특한 방식으로 서구인들의 상상력을 사로잡았다. 프랑코 제피렐리(F. Zeffirelli)의 영화 「언니 태양과 누나 달」은 성 프란치스코에 대해서 유럽인들이 느끼는 매혹을 현대적으로 표출해 낸 작품이다. 여기서 그려지는 성 프란치스코의 상에는 창조물들에 대한 그의 사랑이 흘러나오는 샘인 하나님께 대한 그의 압도적인 열정이 잘 표현된, 이 영화는 그의 삶의 한 중요한 면모를 민감하게 포착해 내고 있다.

106) McDonagh, S., *To Care for the Earth-A Call to a New Theology*, London:

게서 하나님과 더 깊은 친교를 맺을 수 있는 생태학적 수호성인의 모습을 강조한다. 다시 말해 그는 성 프란치스코에 대한 기억이 분열을 치유하고 화해시키고 창조하는 기능을 회복하게 할 것이라고 주장한다. 그 정도로 성 프란치스코는 우리 시대에 중요한 생태학적 가치를 갖고 있는 성인이라 할 수 있는 것이다.107)

레오나르도 보프(*Leonardo Boff*) 역시 성 프란치스코가 내적 생태학과 외적 생태학을 잘 종합해 매혹적인 우주적 신비의 기원을 마련했다고 본다. 이런 면에서 그가 독창적이라고 주장하면서 보프는 다음과 같이 역설하고 있다. "당대의 전기 작가들, 첼라노의 토마스(*Thomas de Celano*), 성 보나벤투라(*St. Bonaventura*), 그리고 성 프란치스코 성인의 측근 동료들의

Cassell Publishers Ltd., 1986: 숀 맥도나휴, 황종렬, 『땅의 신학 – 새로운 신학에의 부름』, 경북 왜관: 분도출판사, 1998. pp.221-222.

107) 또한 정홍규 신부는 성 프란치스코가 모든 피조물, 숲, 물, 언덕, 땅, 그들도 하나님에게서 사랑 받고 있으며 또한 하나님을 사랑하고 있는 것을 우리들에게 일깨워주고 있다고 평가하였다. "이러한 것은 교회의 가르침에 새로운 물결을 몰아온 것이었다. 그것은 또한 어떤 점에서는 위험스러운 것으로 간주되기도 했다. 유럽의 교회는 대중들이 섬기고 있었던 민간종교들을 퇴치하려고 무진 애를 써야 했던 것도 사실이었다. 이러한 민간종교들은 대개 '자연종교'라 일컬어지는 것들이었다. 그들은 자연도 제각기 자신들이 섬기는 영이나 신들이 깃들어 있다고 생각했다. 교회는 모든 피조물보다 더 크신 분, 유일한 자인 하나님이 현존하심을 가르치기 위해 이들 민간 신앙들을 억압하고 파멸시켰던 것이다. 이러한 행위는 곧 자연의 다른 측면들, 새들, 동물들, 강과 언덕, 나무, 숲과 구름들은 마치 아무런 가치도 없다는 것을 떠들고 다니는 것처럼 보이게 했다. 하나님이 이 모든 존재 위에 계신다고 교회는 가르쳤던 것이다. 그러나 성 프란치스코는 이러한 교의를 외면했다. 자연을 두려워하기는커녕 그는 자연을 찬미했으며 자연도 하나님, 그들의 창조주를 찬미하고 있다고 생각했다. 그에게 있어 하나님은 교회 가르침의 전부라 할 만한 엄하신 아버지가 아니었다. 하나님은 모든 존재를 낳으시고 모든 자식을 자애로이 돌보시는 창조주 어머니셨다. 따라서 그가 지구를 어머니라 부를 때 그녀는 하나님의 한 부분이신 어머니라는 의미였다. 그가 새들과 동물들은 나의 형제, 자매라고 말할 때 그에겐 그들도 또한 하나님의 다스리는 한 가족의 일원들임을 의미했다." 정홍규, 『지구안의 사람, 사람안의 지구』, 서울: 가톨릭신문사, 1997. p.153.

글에 따르면 성 프란치스코는 모든 피조물과 심오한 감정이입을 가졌었다. 성 프란치스코는 뛰어난 시인이었다. 사물의 마음을 느끼고 그 존재론적 전언을 해독해 내며 우리 인간이 사물과, 그리고 성부의 마음과 맺고 있는 연계를 느낄 줄 아는 시인이었다. 그는 인간이 하나님의 아들딸이라는 신비를 실천하는 데 그치지 않고 이 신학적 진리를 발전시켰다. 즉 만일 우리가 하나님의 아들딸이라면 우리는 서로 형제자매일 것이다. 이러한 관점에서 그는 해와 달, 불과 물, 잡초, 심지어 병과 죽음까지 형제자매라는 달콤한 이름으로 불렀다."108)

생태학적 민주주의를 몸소 실천했던 성 프란치스코에 대한 수많은 증거들 가운데 여기에서는 두 가지만 소개하고자 한다. 하나는 성 프란치스코의 제자 중 한 사람인 성 보나벤투라의 증거이고, 다른 하나는 그의 열렬한 추종자였던 토마스 첼라노의 증거이다.

성 보나벤투라는 성 프란치스코와 양 사이의 친밀감을 다음과 같이 증거하고 있다.

시에나 가까이 여행하고 있었을 때 성 프란치스코는 들판에서 풀을 뜯고 있는 많은 양떼를 만났다. 그가 그들에게 평소처럼 다정하게 인사했더니 양들은 풀 뜯기를 멈추고 모두 그에게로 달려왔다. 그러고는 고개를 곧추세우고 서서 성 프란치스코를 주시했다. 그들이 성 프란치스코에 대해 그들의 존경을 아주 명백하게 보여 주어서 목동들과 다른 수사들은 놀라 한살 박이 양들과 수양들이 그의 주위를 흥분해서 뛰노는 것을 바라보았다. 한번은 그가 뽀르치웅꼴라에서 양 한 마리를 선물 받았을 때 양의 이미지가 자연스럽게 불러일으키는 두 가지 덕, 즉 순결함과 단순함을 사랑하는 마음에서 기꺼이 그것을 받았다. 그는 그 동물에게 하나님을 찬미할 것과 수사들을 화나게 하는 짓을 삼갈

---

108) Boff, L., *Ecology & Liberation*, New York: orbis books, 1995. p.52.

것을 훈계했다. 그러자 그 양은 마치 그가 자기에 대해 품고 있는 애
정을 알아차리기라도 한 것처럼 그의 지도를 주의 깊게 따랐다. 성당
에 들어가서 수사들이 성가대에서 노래하는 것을 들을 때는 그것은
마치 어린양의 어머니이신 성모님께 인사라도 하려는 양 자발적으로
제대 앞에서 깊은 존경심을 가지고 한쪽 무릎을 꿇고 앉아 울었다. 미
사 중 성채 거양 때에 꿇고 깊이 경배하였기에, 믿음이 강한 사람들에
게는 복된 성체에 대한 존경의 본보기를 보여주는 한편 신심이 없는
사람들에게는 그들을 꾸짖는 것이 되었다.

또 한번은 로마에서였는데 그때도 성 프란치스코는 천주의 어린양에
대한 존경심에서 양 한 마리를 갖고 있었는데 떠날 때가 되었을 때
그는 그 양을 세떼솔리의 야코바 부인에게 가지라고 주었다. 그 양은
자기의 여주인을 따라 성당에 가서 마치 성 프란치스코가 정신적 훈
련을 그에게 시킨 것처럼 그녀가 떠날 때까지 떠나지 않고 같이 머물
렀다. 아침에 혹 그녀가 늦게 일어나는 일이 있으면 그 양은 그녀에게
성당에 갈 채비를 서두르라고 조르며 뿔로 그녀를 쿡쿡 찌르고 울음
소리로 그녀를 깨웠다. 그녀는 적이 놀랐으며 성 프란치스코의 제자였
으며 지금은 신앙생활의 스승이 된 그 양을 매우 좋아하게 되었다.109)

한편 토마스 첼라노는 피조물에 대한 성 프란치스코의 사랑의 실천을
다음과 같이 증거 해 주고 있다.

영화로우신 사부 성 프란치스코가 육신으로 있을 동안에 실천하고 가
르친 일을 일일이 예를 들어 말한다든가 한곳에 모은다는 것은 시간
이 너무 많이 들기 때문에 불가능한 일이다. 과연 누가 하나님의 소유
인 모든 피조물에게 품었던 그의 위대한 사랑을 표현해 보일 수 있겠
는가? 삼라만상에서 창조주이신 하나님의 지혜와 힘과 선을 명상할

) St. Bonaventura., etd., Habig, M. A., *St. Francis of Assisi: Omnibus of Sources*, Chicago, Illinois: Franciscan Herald Press, 1972: 성 보나벤투라, 권 숙애, 『보나벤투라에 의한 아씨시의 성 성 프란치스코 대전기』, 경북 왜관: 분도출판사, 1998. pp.92-93.

때에 그가 즐긴 그 감미로운 느낌을 누가 말로 할 수 있으리오? 진정
그는 창조주의 지혜와 힘과 선을 관조하면서 해를 쳐다볼 때, 달을 쳐
다볼 때, 그리고 별과 창공을 응시할 때, 이루 말로 다할 수 없는 경
이로운 기쁨에 자주자주 도취되곤 하였다. 오, 단순한 경건이여, 경건
한 단순이여! 그는 구더기 한 마리를 보고도 큰 사랑에 불탔다. 그는
거기에서 구세주께 대하여 씌어 있는 말씀을 읽었기 때문이었다: '나
는 사람도 아닌 구더기입니다.' 그러므로 구더기를 길에서 집어 들고,
행인들의 발에 밟힐까봐 안전한 곳에다 옮겨 주었다.

그는 겨울에는 벌들이 약해지지 않도록 하기 위하여 꿀이나 질이 좋
은 포도주를 공급해 줄 정도였으니, 다른 하등동물에 대한 그의 사랑
에 대해서는 무엇을 더 말하겠는가? 그는 벌들의 완벽한 일 처리와
탁월한 기술을 하나님의 영광을 위하여 여러 사람 앞에서 칭찬하였고,
벌이나 다른 피조물들을 찬탄하며 하루를 온통 보내곤 하였다. 옛날에
유다인 세 청년이 불가마에서도 모든 피조물들을 하나님께 찬미와 영
광을 드리도록 권유하였듯이, 이 사람도 하나님의 기운이 마음에 가득
차서 피조 된 삼라만상에서 만물의 창조주이시며 지배자이신 분께 끊
임없는 영광과 찬미와 축복을 바쳤다.[110]

성 프란치스코의 생태적 민주주의가 실제 어떤 모습인지를 위의 인용문
을 통해 느껴보는 것이 그의 사상을 분석적으로 해석하는 일보다 오히려
더 유익할지 모른다. 그만큼 그의 생태학적 사유는 그를 생태학의 수호성
인으로 추앙받도록 만들어 주었다. 그리고 성 프란치스코의 생태신학사상
은 현대의 많은 기독교 생태신학자들에게 지대한 영향을 미쳤다. 다음에
거론될 매튜 폭스(Matthew Fox)의 우주적 생태론에도 많은 영감을 주었다.

---

110) Celano, T., *Vita prima S. Francisci*, etd., Quaracci, Ad Claras Aquas: Florentiae-
    Quaracchi Collegii S. Bonaventurae, 1926: 토마스 첼라노, 성 프란치스코 한국
    관구, 『아씨시 성 성 프란치스코의 생애』, 경북 왜관: 분도출판사, 2000.
    pp.135-136.

③ 매튜 폭스의 우주적 생태론

매튜 폭스는 그가 '창조영성(creation spirituality)'이라고 부른 것의 중심에 생태학적 주장들을 놓아두었던 도미니카 사제이다. 폭스에 따르면, 우리 시대에 어머니 대지를 죽이는 것은 우선적으로 우리의 지구의 윤리적, 영적, 그리고 인간적 논점이다. 인간종족들에 의해 저질러진 이러한 범죄에서 교회는 종종 연관되어 있다. 폭스는 이러한 범죄에 있어서 최고의 피의자로서 교회나 그리스도교인을 지목하고 있지는 않다. 하지만, 그는 지구의 지속적인 훼손을 조장하거나 무시하는 태도를 조장하고 있는 교회에 대한 강한 비판을 토로하였다. 결국 그의 문제의식은 기존의 교회가 새로운 생태학적 사유로 갱신되는 것이었다.

폭스는 *The Coming of Cosmic Christ*라는 책에서 그리스도에 대한 새로운 이해를 통해 이 문제를 해결하고자 하였다. 이 책에서 그리스도는 우주적 기독교 전통을 회복시켜 내는 상호 관계적인 삶의 우주적 원리로서, 전 피조물 속에 현재하고 있는 하나님의 내재적 지혜라고 해석된다. 이러한 우주적 지혜는 표층적인 교회제도의 울타리를 넘어서 다른 종교들과 연대하고 소통할 수 있는 가능성을 열어준다. 그래서 그가 말하는 '창조 중심적 영성'이란 우주적 그리스도 안에서 이루어진 상호 유기적 단일성 속에서 모든 창조물을 존경과 해방으로 이끄시는 모성적인 하나님을 바라보게 하며, 우리로 하여금 창조 중심의 생태학적 사고를 가능하게 해 준다.111)

현대 그리스도교의 생태학적 관심의 결여에 대한 폭스의 원칙적인 비판들은 그리스도교 영성의 세 가지 국면들과 관련된다. 첫째, 개인 구원을 장려하는 데 기우는 경향성, 둘째, 위계적 지배를 장려하는 교회 관료화의 경향, 그리고 셋째, 신비적 관심을 저하시키는 경향성. 이러한 경향성으로 인해 인간은 개인에만 함몰되어 우주적 관계를 인식하지 못하고, 인간들의

---

111) 조성구, 「생태계 위기극복방안으로서 생명운동모색」, 영남신학대학교 대학원, 2002. 11. p.40.

제도적 권력관계에서 사유하며, 우주적 신비를 등한히 한다. 따라서 결국은 이러한 경향이 생태학적 가치를 부정적으로 인식하게 하고, 삶의 물질적 기반인 지구를 점차 죽이게 된다.

우선 폭스는 많은 기독교인들의 우선적인 관심이 자연 세계를 포함한 우주적 과정과 분리된 어떤 심리적 혹은 정서적 상태를 획득하는 개인 구원에 치중한다고 진단한다. 그는 이러한 경향성이 기독교 전통에 있어서 어거스틴에게까지 거슬러 올라가는 오래된 것으로서, '우주가 아니라, 개인적 죄와 구원의 문제와 심리학적 자기성찰에 관심을 가지는 것'으로 보았다. 그가 보기에 기독교의 이러한 접근은 이제는 진부한 것이다. 그것은 서로 혹은 더 넓은 자연 세계와의 연관성의 감정이 없는 뉴턴 식의 자연관에 불과하다. 이러한 식의 사유방식에는 우주적 관계의 긍정 속에서 자신의 위치를 바라볼 수 있는 통찰이 끼어들 틈이 없다. 폭스는 우주 자체의 생태적 질서가 본질적으로 선하며, 그러한 선에 의해 모든 존재가 연관되어 있다는 사유를 주장하면서 우주론적인 차원에서 창조를 논의하길 원하였다. 그래서 조성구는 이러한 폭스의 생태학적 특성을 다음과 같이 이해하였다. "폭스의 생태학적 특성은 전 자연을 거룩함의 표시로 이해하는 성례전적 전통에 근거하여 우주론적 창조신학을 정립하려는 데에서 나타난다. 폭스는 기독교의 진정한 영성이란 인간을 포함한 사물의 근원적인 선을 인정하는 일이며, 이때 선이란 생명을 주고받는 모든 사물들 간의 근본적 관계성을 지시한다고 이해하였다."[112]

폭스는 또한 교회 안에서 위계질서와 지배에 대한 경향성으로 인하여 신비적 영성이 강하게 저하된다고 말하였다. 그는 기독교의 전 역사를 통틀어서, 신비주의는 종종 극단적이고 위험스러운 교회 제도로 인식되어 왔다고 언급하였다. 일반적으로 신비주의와 신비적 전통은 공식적인 교회 구조들을 회피하려는 경향이 있다. 신비적 경험은 신적인 것에 대한 직접적

---

112) 조성구, 앞의 책. pp.38-39.

112

인 경험과 인식이다. 폭스는 신비적 경험은 각각의 개인들의 본질적 신성을 강조한다고 보았다. 그는 창조의 선천적 신성을 주장하는 신성의 민주화는 생태학적으로 중요성을 갖는다고 통찰하였다. 왜냐하면 그것은 모든 창조물들의 본질적인 성스러움을 강조하기 때문이다.

폭스는 '패러다임의 변화'를 요구하는 새로운 신학이 필요하다고 주장하였다. 이는 교회와 많은 기독교인들이 곤두박질치고 있는 생태학적 위기와 믿음의 위기를 인식하지 못하고 시대에 뒤떨어진 이미지와 상징들로 충만하고 유행에 뒤진 신학을 하고 있는 데 대한 비판에서 나온 것이다. 그가 논의한 '패러다임의 변화'라 함은 성스러움, 연관성, 경이를 가지고서 전체 우주에 충만해 있는 것으로서 중심에 두는 '우주적 그리스도'론으로 전환하는 것이다. 교회는 이제 자신의 관심을 개인구원으로부터 선천적인 신성함에 기반 한 새로운 우주론적 기독론으로 옮겨야 한다고 그는 주장한다.113)

폭스는 이러한 우주적 그리스도는 새로운 창안이 아니라, 성서와 기독교 전통의 전 역사를 통틀어서 발견될 수 있는 신관이라고 주장하였다. 예를 들어 그는 화육을 역사적인 인물인 나자렛 예수에 한정되는 것이 아니며, 전 창조물이 하나님과 깊은 관계를 맺고 있는 우주적 신성화의 과정으로 이해한다. 이것은 지구와 자연 등 물질세계를 그 자체로 신성한 것으로 인식하는 태도라고 할 수 있다. 또한 십자가라는 역사적인 사건 역시 오늘날 지구의 계속되는 죽임 안에서 진행되고 있는 드라마라고 본다.114) 이런

---

113) 이수정은 폭스의 이러한 창조 중심적 영성은 과거 서구 사회의 사상적 구도에 있어서 두 가지의 양상을 배제하고자 하는 것임을 밝히고 있다. "폭스의 창조 중심적 영성은 과거 서구 사회의 사상적 구도에 있어서 두 가지의 양상을 배제하고자 하는데, 이는 바로 부계중심의 가부장적 사회형태이고, 주관과 객관의 분리를 내세우는 이원론적 세계관이다. 이들이 배제되어야하는 이유는 무엇보다도 서구의 역사를 통해서 이들이 인간과 자연의 관계성을 일종의 대립 구도 내지는 종속 구도로 파악하게 하는 근거로 작용했기 때문이다." 이수정, 「생태학적 위기상황 극복을 위한 생태신학의 책임 모색」, 한일장신대학교 대학원, 2001. 12. p.39.

입장에서 보면 지구라는 신성한 존재를 학대하고 죽음으로 내모는 행위는 바로 하나님에게 해로움을 주는 격이 된다. 곧 일종의 현대적인 의미의 신성 모독으로 독해될 수 있는 만행이 되는 것이다.

폭스의 신학 안에서 우주적 그리스도와 동일시되는 어머니 대지는 모든 창조물을 잉태하고 부양하는 전적으로 선하고 인자한 존재이다. 인간은 그녀의 정교한 삶의 망을 해치고 그녀에게 독을 먹임으로써, 그들의 어머니인, 대지를 더럽히고 있다. 순결하고, 오래 참고, 영원히 용서하는 어머니 대지는 지속적으로 십자가에 못 박히고 있다. 오늘날 교회의 선교는 이러한 범죄를 멈추어야 하며 부활을 획득함으로써 그녀를 도와야 한다. 이것은 뉴턴식 기계적 우주관과는 전혀 다른 신비적이고 범재신론적인 새로운 신학이라 하겠다.

그는 우주를 많은 부분들로 구성된 기계이며 그것의 각각의 우주적 경제 안에서 단절된 기능들을 갖는다고 보는 뉴턴식 우주관과 아인슈타인의 우주관과 비교하였다. 이러한 우주는 그것의 창조 이후에 멀리 떠나버린 한 신에 의해 창조된 것이며 동작이 정해진 것이다. 다른 한편, 아인슈타인의 우주관은 모든 원자가 필수불가결적이고 본질적인 방식 안에서 모든 다른 원자들과 연결되어 있는 근저에 깔린 공간—시간의 연속성을 확고히 한다. 그는 현대 아인슈타인적 관점과 일치하는 새 시대의 신학은 범재신론적이고 신비적인 것이라고 주장하고 그에 공감하였다.[115] "범재신론

---

114) Kinsley, D., 앞의 책. p.168.
115) 한편 데니스 에드워즈(*Denis Edwards*)는 폭스의 삼위일체 우주론적 그리스도 론을 여섯 가지의 생태학적 주제로 재정리해 주고 있다: 테제 1] 삼위일체는 극단적으로 동일하고 하나인 사랑의 연합 안에서, 상호관계성 안에 있는 인격들로서 이해될 수 있다. 창조는 이러한 삼위일체의 창조물들의 세계와의 자유롭고 사랑하는 관계성으로 될 수 있다. 테제 2] 만약 삼위일체가 상호 간의 사랑 안에 있는 인격들이라고 한다면, 그때 단순히 존재나 실체가 아닌, 관계성이 주요한 형이상학적 범주로서 이해될 수 있다. 궁극적 실체는 역동적인 연합 안에 있는 인격들로서 이해된다. 테제 3] 삼위일체 하나님은 역동적이고, 황홀경적인 자기 대화의 하나님이다. 창조는 이러한 신적인 풍요의

(Panentheism)은 신은 창조와 분리되어 있지 않으며, 창조 안에 충만해 있으면서 그것을 지속시키고, 구조화하고, 의미 있게 하고, 활력을 불어넣어 준다고 하는 관점이다. 비록 창조는 신성의 실체를 고갈시키지 않을지도 모르지만, 범재신론적 관점에서, 하나님은 창조와 분리되어 있지 않으며, 오히려 그것 안에 충만하게 침잠하여 있다. 범재신론적 신학에서 반영하고 있는 영성은 신비적인 것으로 향하는 경향이 있다. 폭스는 현대 기독인들은 다른 사람과 자연세계로부터 개인적 고립감을 깨뜨리는 경건성을 연마해야 하며 모든 존재들과 모든 창조물들의 본질적인 연관성을 확고히 해야 할 것을 요구하였다. '창조 신학'에서 발견되는 이러한 경건성의 양식은 생태학적으로 감성 있고 책임 있는 교회 안에서 열매 맺게 될 것이다."116)

　지금까지 살펴본 바대로, 폭스는 '창조영성'이라는 개념을 가지고 오늘날 환경시대에 새롭게 등장하고 있는 '우주적 그리스도'의 이미지를 조명함으로써 자신의 생태신학적 대안을 내세웠다고 한다면, 다음에 거론될 위르겐 몰트만(*Jürgen Moltmann*)은 '창조의 하나님'(일하시는 하나님)보다는 '안식의 하나님'에 더 초점을 맞추어서 창조의 완성이자 축제로서의 안식일의 의미를 부각시킴으로써 그 과제를 수행하고자 하였다.

자유로운 충만, 삼위일체 하나님의 자기표현이므로, 각각의 창조물들은 신적 현존의 하나의 양식이며 하나의 신호이다. 테제 4] 상호연합 안에 있는 인격들로서의 삼위일체의 교리의 기초 위에서, 인간 존재들은 우선적으로 고립된 개별적 주체성들로서가 아니라, 관계성 안에 있는 인격들로서, 연합 안에서 자기 소유적이고 자기 수여적인 인격들로서 이해될 수 있다. 테제 5] 창조는 전체적인 삼위일체의 행위이다. 하지만 그것은 그것들에 적절한 삼위일체적 인격들의 독특한 역할들을 포함하고 있는 것으로 보여 질 것을 요구한다. 테제 6] 창조와 삼위일체의 상호작용은 사랑의 취약성(상처받기 쉬움)과 자유로운 힘에 의해 특징 지워진다. 이러한 삼위일체적 사랑은 인간 존재들의 자유와 자연적 과정들의 통합성 양자를 존중한다. Edwards, D., Jesus the wisdom of God: an Ecological theology, New York: Orbis Books, 1995. pp.111-130.
116) Kinsley, D., 앞의 책.

④ 위르겐 몰트만의 안식의 생태론

기독교 신학은 기본적으로 하나님이라는 궁극적 실재에 대한 이해를 중심으로 전개될 수밖에 없다. 비록 현실적인 문제의식이나 동기가 그것과 직접적으로 관련이 없어 보인다 하더라도, 결국은 하나님으로 귀결하기 마련이다. 몰트만은 기존 신학이 '창조의 하나님' 곧 일하시는 하나님에만 초점을 맞추었기 때문에 현대의 생태학적 위기에 적절히 대응할 수 없다고 진단한다. 이러한 문제의식에 따라 그는 오늘날의 생태학적 위기의 시대에서는 '안식의 하나님'의 복원을 필요로 한다고 주장하였다. 몰트만의 유명한 명제, 곧 "창조의 완성은 인간이 아니라 안식일이다"는 안식일이 지니는 생태학적 의미의 중대성을 단적으로 보여 준다.[117]

유대 사상가들은 안식일을 많은 용어로 불렀다. 빛의 날, 즐거움의 날, 성스러운 시간, 마치 우리가 '외부 영혼'이 주어진 것처럼 느끼게 하는 한 기간 등. 이사야 선지자는 단순하게 '너는 안식일을 기쁨이라고 부를 것이다'고 말했다. 그 기쁨은 안식일의 세계에 들어가는 모든 사람들을 위한

---

117) 조나단 삭스(*Jonathan Sacks*)는 안식일 사상은 혁명적인 사상이었고 지금도 그렇다고 하였다. "많은 고대 종교들은 거룩한 날들을 가지고 있다. 하지만 일하는 것을 완전히 금지하는 그런 날을 가지고 있지는 않다. 그리스인과 로마인들은 솔직하게 당혹해 하였다. 세네카는 유대인들이 게으르기 때문에, 그들은 휴식하려고 그들의 시간의 제7번째를 할당하였다고 말하였다. 랍비 전통은 히브리성서가 처음에 그리스어로 번역되었을 때, 번역가들은 그것을 이해 가능하게 만들기 위해 한 문장을 바꾸었다고 말한다. '제7일에 하나님은 그가 만들었던 작업을 마치었다'라는 것 대신에, 번역가들은 '제6일에……'라고 썼다. 그것은 마치 그들이 그리스인들은 제7일에 하나님이 휴식을 만들었다—휴식 그 자체가 하나의 창조이다—는 것이 아니라, 6일에 하나님이 우주를 만들었다고 이해할 수 있었다고 알고 있는 것 같다. 하지만 랍비는 반대로 알았다. '6일 후에, 우주는 무엇이 부족하였던가? 그것은 휴식이 부족하였다. 그래서 7일째가 오자 휴식이 왔고 우주는 완성되었다.' 휴식은 우리들에게 모든 다른 창조를 향유하도록 허용하는 창조이다." Sacks, J., Faith in the Future: the Ecology of hope and the restoration of family, community, and faith, Mercer: Mercer University, 1997. p.134.

것이다. 몰트만(*Jürgen Moltmann*)은 이스라엘 종교의 이러한 '안식 사상'을 음미한 뒤, 오늘날 환경파괴 문제의 대안으로서 그의 '하나님 생태학', 즉 달리 표현하자면, '땅의 안식 생태론'을 제시하였다. 몰트만은 모든 유대교 적인 창조론과 모든 그리스도교적인 창조론은 안식일에 대한 이론일 수밖 에 없다고 진단하였다.

> 왜냐하면 하나님은 안식일을 통하여 그의 창조를 완성하며, 사람들은 안식일을 통하여 그 속에 살고 있고 또 그들 자신이기도 한 현실을 하 나님의 창조라고 인식하기 때문이다. 안식일은 창조를 그의 참된 미래 를 향하여 개방하며, 안식일에 세계의 구원이 미리 축하되며, 안식일은 시간 속에 있는 영원의 현재이고 장차 올 세계의 미리 보는 맛 (Vorgeschmack)이다. 안식일의 계명을 지키는 것이 바빌론 포로시대에 유대인들의 표지가 되었던 것처럼 창조의 안식일에 대한 이론은 '자연 으로서의 세계'에 대한 이해와 구별되는 성서적 창조론의 표지가 된다. '세계를 창조로' 이해하게 하고 성화하고 축복하는 것은 안식일이다.[118]

몰트만에게 안식일은 단지 창조의 찌꺼기거나 잉여물이 아니라 그 완성 이다. 다시 말해 신적인 창조가 안식일을 통해 완성되는 것이며, 그렇기 때문에 안식일이 부재한 창조는 사실상 완전한 창조일 수 없는 것이다. 더 욱이 그에게 안식일은 영원한 현재 곧 천국의 미래를 현 시점에서 경험할 수 있는 소중한 시간으로 정초된다. 특이하게도 기독교의 전통들, 특히 서 구교회의 전통들에 있어서 창조는 대부분의 경우 '육일간의 사역'으로만 기술되었고 '일곱째 날'을 통한 창조의 '완성'은 매우 소홀히 다루어지거 나 아니면 간과되어 왔다고 그는 지적하였다. 그렇기 때문에 하나님에 대 한 인식에 있어서도 항상 창조하는 하나님이 강조되고 안식일의 쉬는 하

---

118) Moltmann, J., *Gott in der Schöpfung*, München: The Liturgical Press, 1997: 위르겐 몰트만, 김균진, 『창조 안에 계신 하나님』, 서울: 한국신학연구소, 1999. p.395.

나님은 뒤켠에 물러나는 상황에 이른 것이라고 분석한다.[119]

'안식일의 고요함' 속에서 더 이상 사람들은 노동하면서 환경을 침입
하지 않는다. 오히려 그들은 환경을 완전히 하나님의 창조가 되게 한
다. 그들은 하나님의 소유로서의 창조가 가진 불가침성을 인정하며 창
조의 사귐 속에 있는 하나님의 피조물로서의 현존에 대한 그들의 기
쁨을 통하여 이 날을 거룩하게 한다. 안식일의 기쁨은 먼저 하나님과
의 기쁨이다. 그러나 이 기쁨은 영혼뿐만 아니라 몸도 포함되며, 개인
뿐만 아니라 가족과 민족도 포함하며, 사람들뿐만 아니라 동물들도 포
함하며, 생물들뿐만 아니라 창조 기사가 말하는 바와 같이 하늘과 땅
의 전체 창조도 포함한다. 그러므로 안식일의 기쁨은 오늘날 점점 늘
어나는 환경의 파괴에 직면하여 많은 사람들이 질문하는 '자연과의 평
화'를 열어 준다. 그러나 하나님의 안식일에 대한 경험과 축제 없이는
'자연과의 평화'가 있을 수 없을 것이다.[120]

몰트만의 핵심적인 과제는 환경오염 속에서 상실한 '자연과의 평화'를
어떻게 찾을 수 있는가 하는 문제였다. 그가 보기에, 안식일의 고요함 속
에서는 환경이 하나님의 신성한 창조물로서 인정되어 침해당하지 않는다.
다시 말해 안식일의 충만함과 기쁨 속에서 인간은 하나님의 모든 창조물
에 대하여 참다운 관심과 배려를 하게 된다. 그래서 이러한 안식일의 경험

---

119) "그리하여 그리스도교 신학에 있어서 안식일에 병자를 고침으로써 안식일의
계명을 어긴 예수와 함께 이스라엘의 안식일 계명은 물론 창조의 안식일도
무효하게 되고 폐기되는 것으로 생각하였다. 그러므로 하나님은 그의 본질에
있어서 단지 '창조적인 하나님'(P. Tillich)으로 생각되었으며, 그 결과 사람도
'창조적인 사람'이 되는 이 점에 있어서만 하나님의 형상으로 이해될 수 있
는 것이다. 안식일에 '쉬는 하나님', 축복하고 잔치를 벌이는 하나님, 자기의
창조를 기뻐하고 이를 통하여 창조를 성화 시키는 하나님은 뒤로 물러난다.
이리하여 사람의 삶의 의미는 노동과 활동에 있는 것으로 생각되며, 휴식,
잔치, 현존에 대한 사람들의 기쁨은 소용없으며 무의미한 것으로서 추방되어
버린다." 같은 책. p.396.
120) 같은 책. pp.36-37.

속에서 그는 현대의 환경위기를 극복하고 '자연과의 조화'를 회복할 수 있
으리라 믿었던 것이다.

따라서 그는 안식일에 대한 인식 없이는 창조물인 세계에 대한 올바른
이해가 있을 수 없다고 주장하였다. 그는 지금까지 기독교의 그리스도론도
인간중심적인 그리스도론에 치우쳐 '역사'라는 패러다임 안에 갇힘으로써
오늘날 자연 파괴의 요인이 되었다고 비판한다. 그리고 그 대안으로서 '자
연과의 평화'를 꾀하는 우주적 그리스도론으로의 전환을 요청하였다.

> 만약 자연의 치유가 없다면, 결국엔 인간의 구원도 없다. ……그러므로
> 현대의 '역사적 그리스도론'을 넘어서서 하나의 자연의 신학을 발전시
> 키는 것은, 그리스도의 일로부터 볼 때 필연적이다. 고대교회의 두 본
> 성의 이론과 마찬가지로 에베소서와 골로새서의 우주적 그리스도론도
> 서구 유럽의 현대신학에 의하여 신화와 사변으로 배척되었다. 인간 중
> 심적인 그리스도론은 '역사'라는 현대의 패러다임 안으로 끼워 맞춰졌
> 으며, 부지불식간에 그 자체로서 오늘날의 자연 파괴의 요인이 되고
> 말았다. 왜냐하면 현대에 이르러 구원은 영혼의 축복이나 인간실존의
> 개별성으로 축소된 나머지, 자연은 부지불식간에 인간에 의한 엄청난
> 착취 아래 놓이게 되었기 때문이다. 자연계의 치명적인 생태학적 위기
> 에 대한 의식이 증대하면서, 비로소 인간은 '역사'라는 현대의 패러다
> 임의 한계성을 깨닫게 되었으며, 고대의 우주적 그리스도론과 그 물리
> 적 구원론을 다시금 질문하게 되었다. 그렇지만 여기에는 차이점이 있
> 다. 고대세계에서 우주적 그리스도론은 구원자 그리스도를 권세들과
> 많은 영들 그리고 여러 우상과 대결시켰다. 오늘날엔 우주적 그리스도
> 론은 구원자 그리스도를 인간에 의해 혼돈 속에 빠지고 독한 쓰레기로
> 오염되며 보편적인 죽음으로 저주받는 자연과 대결시켜서, 인간을 절
> 망에서 구출하고, 자연을 파괴로부터 보존하려고 해야 한다.[121]

---

121) Moltmann, J., Wer ist Christus für uns heute?, München: Kaiser Verlag,
　　 1989: 위르겐 몰트만, 이신건, 『오늘 우리에게 그리스도는 누구인가』, 서울:
　　 대한기독교서회, 1997. pp.113-114.

몰트만은 역사적 그리스도론, 인간과 역사 중심의 기독론에서 우주적 그리스도론, 곧 인간이 놓여 있는 자연생태계 전체를 구원하는 기독론으로 전환해야 한다고 주장하고 있다. 그는 '역사 속에, 인간의 구원' 안에 갇혀 있는 그리스도를 해방시키고 전체 창조과정 안에 있는 우주적 그리스도상을 제시한 것이다. 여기서도 인간의 구원은 인간과 신 사이의 일대일 관계에서만 완성되는 문제가 아니라, 인간이 구체적으로 생활하고 있는 현상적인 자연세계의 고통과 파괴를 치유해야 가능하다. 왜냐하면 우주의 창조물 자체는 하나님에게서 창조된 것이므로 그 자체로 신성한 기원을 동일하게 가지며, 그것들이 우주적인 차원에서 연관되어 있기 때문이다. 다시 말해 인간만의 독존적인 구원은 없다.

이러한 차원에서 모든 노동으로부터 자유로워지는 안식일은, 창조물들과의 교감을 증진시키고 자신 안에 있는 하나님의 보편적 구원의지를 확인할 수 있는 중요한 계기가 된다. 앞서 말했듯이 몰트만은 창조의 완성은 인간이 아니라 안식일이라고 하였다.[122] 그는 오랫동안 인간이 자연과 자신의 몸을 오직 '노동'의 관점에서만 보았기 때문에 자연과 몸의 도구적 실용성만 강조하게 된 것이라고 진단한다. 도구적 실용성에서 보면 사실상 존재론적인 고요한 가치는 부정되고 현실적인 이익의 관점에서 얼마든지 대체가능하고 교환 가능한 물건으로 자연세계가 규정될 수 있다. 몰트만은

---

122) "제사장 문헌군의 창조기사에 의하면 세계의 창조는 여섯째 날에 끝났다. '이렇게 만드신 모든 것을 하나님께서 보시니 참 좋았다'(창1:31). '하나님께서는 엿새 날까지 하시던 일을 다 마치시고'(창2:2). 안식일에 그는 보기에 '매우 좋은' 창조에게 무엇을 첨가하는가? 하나님께서 끝마친 창조에 있어서 아직도 모자라는 것은 무엇인가? 창조의 '완성'은 어디에 있는가? 그것은 '하나님의 휴식'에 있다. 그것은 휴식을 통한 완성이다. 하나님의 휴식으로부터 일곱째 날의 축복과 성화가 온다. 창조의 사역은 창조자의 휴식을 통하여, 그의 노동은 안식일의 성화를 통하여 완성된다. 출애굽기 31장 17절은 하나님의 휴식에 대하여 다음과 같이 첨가한다. 하나님께서 '숨을 돌리셨다.' 이것은 어떤 일을 '완성하는' 매우 특이한 방법이다." Moltmann, J., Gott in der Schöpfung. p.398.

인간을 포함한 모든 자연이 함께 쉬는 안식일의 축제를 통해서 자연과 인간 자신을 하나님의 창조로 다시 이해할 수 있으며, 오늘날 환경파괴문제를 극복하는 데도 유용할 것이라고 다음과 같이 역설하였다.

일곱 번째 날이 '창조의 축제'라고 불린 것은 정당한 일이다. 제7일은 '창조의 왕관'이다. 이 축제를 위해 모든 것이 창조되었다. 이 축제를 홀로 축하하지 않기 위해 하나님은 하늘과 땅, 춤추는 별들과 파도치는 바다, 풀과 숲, 동물과 식물, 마지막으로 인간을 창조하였다. 이들은 모두 하나님의 축제에 초대받은 동료들인 것이다. 그래서 하나님은 자기가 만든 것을 보고 기뻐했으며, 하늘은 하나님에게 영원한 영광을 돌린 것이다. 이 하나님의 안식이 '창조의 왕관'이지, 인간이 '창조의 왕관'이 아니다. 인간은 다른 피조물들과 함께 '안식일의 여왕'으로 이해된다. 안식일에 안식함으로써 하나님은 자기의 목적에 이른다. 안식일을 축하하는 인간은 자연을 하나님의 창조로 인식하고 하나님이 사랑하는 창조로 남아 있게 한다. 안식일은 지혜로운 환경정책이며, 쉴 수 없는 우리의 영혼과 경직된 우리의 몸을 위해 좋은 치유가 아닐 수 없다.123)

몰트만은 전술한 바와 같이, 창조를 하나의 축제로 보았으며 안식일을 축제의 장으로 파악하였다. 안식일은 창조주와 피조물 모두가 창조를 향유하는 축제의 장이 된다. 그를 통해 인간은 경직되어 있는 자신의 영혼을 치유하고 자유롭게 만들 수 있게 된다. 이것은 또한 자연의 상처를 치유하여 하나님의 창조물이 갖는 신성성을 공유하는 자리가 된다. 이런 사유는 현대 창조신학자들에게 창조에 대한 재발견을 가능하게 만들어 주었다.

123) Moltmann, J., *Zukunft der Schöpfung*, München: Kaiser Verlag, 1978: 위르겐 몰트만, 채수일, 『그리스도가 계신 곳에 생명이 있습니다』, 서울: 대한기독교서회, 1997. pp.157-158.

⑤ 현대 창조신학의 창조 생태론

몰트만은 기존의 창조 중심의 신학에서 탈피하여 안식을 중심으로 생태학적 가치를 발굴하고 제시하였다면, 그에게 영향을 받은 창조신학자들은 '창조'라는 개념 자체를 새롭게 정의함으로써 생태학적 문제를 신학적으로 감당하려 노력하였다. 다시 말해 그들은 생태학적 신학을 위한 신학적 근거로서 '창조'의 주제를 재발견하였다. 이들은 자연에 대한 인간의 청지기 혹은 관리자로서의 역할을 강조함으로써 기독교는 자연 환경을 돌보는 데 충분한 근거를 가질 수 있다고 주장하였다. 존 하우트(*John Haught*)는 이러한 새로운 신학적 경향을 '창조 중심 신학'이라고 정의 내리고, 창조 중심 신학의 특징을 여덟 가지 정도로 정리하였다.

첫째로, 창조 중심 신학은 죄에 대한 기존의 개념을 재해석하였다. 죄라는 것은 단지 우리가 하나님으로부터 혹은 서로 서로로부터 단절됨을 의미할 뿐만 아니라, 우주로부터의 우리 자신의 심각한 소외 상태를 나타낸다. ……
둘째로, 창조 중심 신학은 계시에 대한 의미를 재 고찰하였다. 계시는 단지 진술적인 형식으로 신적 정보를 역사 안에 홀로 남겨둔 하나님의 자기표현이 아니다. 우리는 더욱 우주적인 개념으로 계시를 생각할 필요가 있다. ……
셋째로, 창조 중심 신학은 기독론에 대한 재성찰을 꾀하고 있다. 그리스도는 단지 인격적인 역사적 구원자로서 뿐만 아니라, 하나의 우주적 실체로서 이해된다. 이러한 우주적 기독론은 독특한 기독교 환경적 영성의 가장 깊은 원천들을 제공한다. ……
넷째로, 창조 중심 신학은 하나님에 대한 생태학적 이해를 시도한다. 삼위일체 하나님은 관계성을 가리키는 생태학의 최고의 본보기이다. 생태학적 신학은 현대 과학과 하나님이 오직 고립된 자존성 안에서 존재한다는 관념을 깨뜨리는 삼위일체의 교리를 재발견하였다.
다섯째로, 창조 중심 신학은 우리의 참된 집으로서 자연세계의 향유를 고무시키고 있다. 기독교의 고전적 텍스트들은 불행하게도 자연과 몸에 대한 우리의 적대감을 제거해 왔던 이원론적 치우침에 의해 오염되었다. 그러므로 우리는 우리의 집으로서 자연세계의 복권을 추구해야 한다.

여섯째로, 창조 중심 신학은 금욕주의적인 태도를 요구한다. 금욕주의는 우리가 더 넓은 지구공동체와 밀접하게 묶여져 있는 우리의 존재론적 사실에 대한 충분한 이해를 할 수 있게 해 주는 힘든 훈련이다. 우주와의 복합적인 관계성을 인지함으로써, 우리는 우리와 다른 이들에게 대한 책임감을 넓힐 수 있다.

일곱째로, 창조 중심 신학은 기독교 윤리학의 재구조화를 추구한다. 기독교 윤리학은 이제 자연에 대한 지배적인 태도에서 벗어나 청지기로서의 인간의 위치를 정립하여야 한다.

여덟째로, 창조 중심 신학은 환경교육의 필요성을 역설한다. 우리는 대학수준에서 핵심 커리큘럼으로 환경교육을 설치하여야 한다.124)

위의 정리에서 보듯이, 창조신학자들은 기존의 핵심적인 신학적 주제 전반에 걸쳐 생태학적인 관점에서 재검토하고 새롭게 정의하려 했다. 우리 자신의 소외 상태로서의 죄, 우주적인 맥락의 계시, 우주적 실체로서의 그리스도, 생태학적 전범으로서의 삼위일체, 참된 집으로서의 자연세계, 금욕주의적 책임감, 청지기로서의 인간의 위치 등은 모두 인간의 역사나 개인적 구원을 넘어서는 차원을 제시한다. 다시 말해 우주라는 광대한 세계 속에서 인간의 위상을 규정하는 포괄적인 시간이 전제되어 있다. 이전에는 단지 인간과 하나님의 관계성에만 관심을 가졌다면, 이러한 창조신학에는 하나님의 창조물 자체와의 관계에 보다 더 관심을 기울였다고 할 수 있다.

반 다이크(*Van Dyke*)는 그동안 신학이 '구원의 하나님'에 대한 주제를 지나치게 강조하여 '창조주로서의 하나님'이라는 주제는 거의 무시하여 왔다고 주장하였다. 그에 따르면, 창조 사상을 상실함으로써 서구 기독교에

---

124) Haught, J. F., *Promise of Nature: Ecology and Cosmic Purpose*, New York: Paulist, 1993. pp.90-92.

서 낙천주의와 실재성이 사라지고, 다른 피조물과의 연계성이나 책임감이
약화되었으며, 인간의 목적이 아니라 하나님의 목적대로 세계가 창조되었
음이 망각되었다.125) 여기서 반 다이크가 강조하는 창조주 하나님은 내재
하면서 초월하는 존재로서 인간중심적인 자연 이해나 이용을 저지하는 역
할을 하게 된다. 다시 말해 절대적 창조주인 하나님의 시선에서만 자연 세
계는 목적에 종속되는 수단이 될 수 있으며, 동일한 피조물의 층 안에 놓
여 있는 인간에게는 그런 식으로 자연을 다룰 수 있는 권한이 없다.

우선 반 다이크는 창조주 하나님에 대한 믿음을 잃어버렸기 때문에, 하
나님이 창조하신 작품에 대한 존경심도, 그 안에서 맛볼 수 있는 기쁨도
잃어버렸다고 애석해 하였다. 126) 곧 개인적인 구원에만 매달림으로써 자

---

125) "오늘날 유감스럽게도 교회는 창조주 하나님에 대해 가르치는 것을 소홀히
하고 있다. 과학과의 갈등을 피하려고, 교회는 우주와 그 안의 모든 것이 하
나님의 피조물이라는 진실을 담대하게 전하지 못하고 아주 조심스럽게 다루
고 있으며 때로는 전혀 언급하지도 않는다. 창조에 관한 사상은 서구 문화에
서 이제껏 일어난 어떤 사상보다도 가장 강력한 영향을 끼친 사상 중 하나
다. 실제로 오늘날 우리 교회는 창조 사상을 잃어버림으로써 낙천주의와 실
재성을 상실하고 있다. 창조 세계는 우리가 다른 피조물과 연계되어 있다는
것과 그들에 대한 특별한 책임이 있다는 것을 명백히 보여 주며, 살아 계신
창조주 하나님 앞에서와 우주 속에서의 우리의 위치를 나타내 준다. 교회는
창조주와 창조 세계란 단어와 그 개념을 단순히 우리가 대충 그럴 거라고
생각하는 대로 가르쳐서는 안 되며, 하나님과 하나님 세계를 있는 그대로 잘
이해할 수 있도록 가르쳐야만 한다. 하나님을 창조주로 안다는 것은 그분이
전에도 계셨고, 스스로 존재하시며, 초월자이시며, 우리 안에 내재하시고, 자
유하시며, 우리의 목적대로가 아니라, 그분의 목적대로 세계를 창조하셨음을
아는 것이다." Van Dyke, F., 앞의 책. pp.218-219.

126) "창조세계의 웅장함과 아름다움에도 불구하고, 지식인들은 자연물을 단순히
시간과 무기물 그리고 우연의 소산이라고 생각함으로써 그 속에서 기쁨을
지속적으로 누리지 못한다. 또한 성경은 너구리와 산양의 경이로움과 사자와
황새들, 달과 태양과 별들을 즐기라고 가르치고 있다(시편 104편). 심지어 성
경은 신자들에게 천둥 번개와 힘과 파괴력을 경외하는 마음으로 기뻐하라고
가르친다(시편 29편). 성경은 창조 세계가 하나님의 존재를 입증하기 때문이
아니라, 단지 그것들이 그분의 것이기 때문에 그렇게 하라고 말씀하고 있는
것이다." 같은 책. p.220.

124

기 이외의 피조물에 대한 진지한 관심과 가치 인정이 부족하게 되었다는 말이다. 그리고 이러한 관심은 그 창조물에 대한 윤리적 책임감과 연관된다. 가령 반 다이크는 오늘날 기독교인들이 창조주로서의 하나님을 알고 그분의 창조 세계를 찬양하는 것을 배우게 된다면, 인간은 하나님의 창조 세계에 대한 책임감을 가져야 한다고 주장하였다.

> 기독교인들이 하나님을 창조주로 아는 일과 그분의 창조 세계를 찬양하는 기쁨에 무관심할 수 없듯이, 창조세계의 필요에도 결코 무관심할 수 없다. 특히 창조 세계가 이 세상에서 생태 위기로 어려움을 호소할 때는 더욱 그렇다. 하나님의 나라에서, 다스림은 봉사로서, 또 다스리고 지키라는 명령(창세기 2장 15절)으로 정의되기 때문에 관리와 보전이 청지기의 개념에 포함되어야 한다. 창조 세계에 대한 청지기 직분을, 과학자나 자원 관리자로 일하고 있는 몇몇 기독교인들만의 직업적인 소명으로만 생각해서는 안 된다. 사실 청지기 직분은 모든 기독교인들의 본업이어야 한다. 창조 세계를 지키는 청지기 직분은 오늘날 많은 환경 문제에서 생존주의자들의 사고방식 이상의 것을 요구하고 있다. 그것은 창조 세계에서 하나님의 형상대로 지음 받은 인간의 독특한 지위에 기인한다. 인간은 다른 피조물보다 더 존귀하게 대우받는 것은 이 시대에 사는 다른 피조물들에 대해서 하나님의 심부름꾼이자 대리인으로서 활동하기 때문이다. 그러나 우리 역시 피조물이기 때문에 청지기로서의 사명을 감당할 때 겸손해야 하며, 우리가 행한 일에 대한 결과를 하나님 앞에서 심판받게 된다.127)

반 다이크는 인간이 창조주의 창조물에 대해 관심을 갖고 청지기로서 자연을 관리하고 보전해야 할 의무가 있음을 주장하고 있다. 그는 또한 이러한 청지기 직분을 잘 수행하기 위해서는 교회가 공동체 구성원들을 잘 가르치고 훈련시켜야 할 것임을 역설하였다.128) 그런데 여기서 그는 인간

127) 같은 책. pp.220-221.
128) 그러면서 그는 교회가 해야 할 일을 다음 세 가지로 제시하였다. 첫째, 우리

의 위상이 갖는 이중성을 예민하게 포착하고 있다. 곧 한편으로 인간은 하나님의 심부름꾼으로서 다른 피조물에 비해 상대적인 우월성을 인정받으며, 다른 한편으로 자신에게 주어진 청지기로서의 사명에 대해 심판을 기다리는 피조물에 불과하다. 전자의 측면에서 모든 존재를 동일한 가치에서 보려는 생태학과는 차이가 나며, 후자의 측면에서 단지 개인적인 구원에만 초점을 두고 심판을 말하는 기존의 인간 중심적 신학과 차별화된다.

앞에서 살펴본 바와 같이, 각 종교 전통들은 오늘날의 환경파괴문제에 직면하여, 자신들의 종교 전통들 안에서 긍정적인 생태학적 가치들을 발견하여 이를 생태문제에 접목해 보려고 하는 시도들을 하였다. 또한 이들은 자신의 종교 전통들 안에도 작금의 환경위기를 초래하는데 일정한 책임을 져야 하는 요소들도 있음을 시인하고 있다. 이 책에서는 이와 같은 현재 생태학적 위기들에 대한 각 종교들의 대응양상을 현대 환경논의에 대한 '종교적' 접근 방법이라고 명명하였다. 이처럼 '종교적' 접근 방법에 따라 환경문제를 다루고 있는 학자들의 주요 관심사는 심각한 상태에 놓여 있는 환경파괴문제를 어떻게 해결할 것인가라는 문제의식이다. 그와 더불어 그들은 자신이 속해 있는 종교 전통들 안에서 그러한 문제를 해결할 수 있는 어떤 방도 내지는 요소, 다른 말로 표현하자면 생태학적 가치들을 발견할 수 있는지, 그렇다면 그러한 생태학적 가치들이 어떠한 역할들을 담당할 수 있을 것인지에 몰두한 것이다. 각 주요 종교 전통들에서 출판되고 있는 환경과 관련된 저서들의 주된 요지들이 대부분 이러한 관심에서 출

는 하나님의 창조 세계를 위해 청지기 직분을 감당하는 것이 바로 선교라는 것과, 그렇기 때문에 교회는 그 일을 돕는 데 주저하지 말고 기쁜 마음으로 후원하고 기도해야 함을 선언해야 한다. 둘째, 우리는 자원 관리 분야에서 전문성을 가지고 일할 수 있는 능력 있는 청지기들을 훈련시키기 위해 그 교육을 담당할 기관(대학)에 위탁시켜 교육해야 한다. 셋째로, 교회와 교회에 다니는 학자들은 일반 대학에서 대학원을 다니고 있는 기독교인들을 적극적으로 그리고 신실하게 지원해야 한다. cf.) 같은 책.

발하고 있다고 해도 과언은 아닐 것이다. 어쩌면 각 종교 전통들에서 내세우고 있는 그들의 생태학적 가치들과 그에 따른 여러 가지 실천 방안들이 오늘날의 심각해진 환경파괴문제를 해결하는 데 어느 정도 중요한 역할들을 할 수 있을지도 모른다.

하지만 오늘날 온 지구적 관심사가 되고 있고 현대인의 화두로 등장하고 있는 환경문제를 단순히 윤리적 가치의 문제나 기성의 종교적 관습의 문제로 해결하고자 하는 데에는 여전히 한계를 지니고 있음을 통감하게 된다. 앞에 서론부분에서 언급한 바와 같이, 오늘날의 환경문제는 인간적 논의들의 대상에서 벗어나 그 자체가 하나의 절대적인 신의 자리를 점하고 있을 정도로 너무나 커져 버렸음을 우리는 인정하지 않을 수 없게 되었다. 다시 말해서 오늘날 '환경'은 그 자체가 하나의 종교로서 등장하고 있다.

이 책에서는 이와 같이 새로운 옷을 입고 등장하고 있는 이 시대의 새로운 현상을 '종교로서의 생태학' 내지는 '환경교'와 같은 시각에서 바라보는 관점을 '종교학적' 접근 방법이라고 명명하고 있다. 이러한 '종교학적' 접근 방법은 이 책이 기존의 접근 방법들과는 차별화 되는 새로운 접근 방법이라고 할 수 있다. 하지만 새로운 길인만큼 아직은 시론적인 단계에 머물러 있는 것도 사실이다. 다음 제4장 「현대 환경담론의 종교학적 접근 방법」에서는 이와 같은 문제의식을 가지고 현대의 환경논의들이 가지고 있는 '종교적' 성격을 밝혀내고 이를 '종교학적'으로 고찰해 보고자 한다.

제4장 현대 환경윤리의 종교학적 고찰

우리는 앞의 제2장과 제3장에서 기존에 다양한 환경논의들을 윤리적 접근과 종교적 접근으로 범주화해서 살펴보았다. 환경문제에 대한 윤리적 접근들은 현대 생태학적 위기를 윤리적인 가치관의 문제로, 종교적 접근들은 종교적인 관습과 교리적인 문제로 인식하고 있었다. 이러한 두 접근 방식은 환경문제의 원인을 진단하고 그 해결책을 모색하는 데 초점을 두고 있는 방법론적 접근이라고 할 수 있을 것이다. 그러나 우리는 이들의 관심이나 노력과는 전혀 다른 차원으로 등장하고 있는 '환경'의 현상에 직면해 있다. 다시 말해 이른바 환경 그 자체가 하나의 종교로서 혹은 하나의 종교적 현상으로서 나타나고 있다. 마치 절대적인 신의 위상에 오르기라도 한 듯이 오늘날 환경은 인간적 논의나 능력의 범위를 훨씬 넘어서 있다. 예전에는 인간이 환경을 지배하고 환경을 인간 마음대로 조작하고 착취하였다고 한다면, 이제는 역으로 '환경'이 인간을 지배하고 있다고 할 수 있을 정도다. 이는 환경이라는 조건이 우리의 근원적인 조건을 구성하고 있는 지구적 현실을 웅변해준다.

본 장의 주제인 현대 '환경담론의 종교학적 고찰'은 환경이 하나의 새로운 종교요 절대적인 신으로 등장하고 있는 새로운 현상에 대한 관심의 표출이자 하나의 분석 작업을 의미한다. 이 작업에 구체적으로 들어가기에 앞서서 우선개념을 명료하게 정리할 필요가 있다. 이는 앞의 3장의 주제였던 '종교적' 접근에서 '종교적'이라는 표현과 본 장의 주제가 되는 '종교학적' 고찰에서 '종교학적'이라는 표현 사이에 용어상의 혼돈과 관련되는 문제이다. 이 책에서는 기존의 접근 방식들과 다른 접근 방식으로 '종교학적'이라는 표현을 사용하고 있다. 이 용어는 특히 '종교적'이라는 표현과 관련해서 혼란을 일으킬 소지가 있다. 따라서 양자 사이의 구분을 확실하

128

게 하고 넘어갈 필요가 있을 것이다.

먼저 '종교적' 접근이라 함은, 환경문제를 해결하는데 있어서 각각의 종교 전통 안에서 생태학적 가치들을 발견하여 이를 환경문제에 적용시켜보고자 하는 방식이다. 쉽게 말하자면, '종교적'이라 함은 환경문제를 개별 종교의 전통에 기반해서 풀어나가는 것을 말한다. 그런데 이 책에서 지향하고 있는 '종교학적'이라는 표현 안에는 다음의 두 가지 의미가 내포되어 있다. 첫째, 현대 환경문제 자체가 이 시대에 하나의 '종교적인 현상'이 되었다는 의미를 담고 있다. 환경이 과거 전통 종교에서처럼 절대적인 신의 지위를 갖고 있기 때문에 그렇다. 이러한 현상에 대해서는 이미 본 장에서 다루게 될 그린피스의 창설자인 로버트 헌터가 '종교로서의 생태학'이라는 표현을 썼고, 스코리모프스키도 그와 비슷한 맥락에서 생태학을 '우리 시대의 종교'라고 했다. 둘째, 현대 환경윤리학의 특성이 종교학적인 특성을 가지고 있다는 점을 의미한다. 현대 환경윤리학의 종교학적 특성들이라 함은, 비교종교학자 요아힘 바하가 인류의 종교적 경험을 세 가지로 범주화한 것을 가리킨다. 즉 신화(지성)적인 측면, 제의(행위)적 측면, 공동체적 측면을 말한다. 이러한 두 가지 차원의 의미가 '종교학적'이라는 용어에 새롭게 부여되어 있는 것이다.

이러한 관점에 기초해서 본 장에서는 현대 환경윤리학의 종교학적 특성을 이 세 가지 범주로 나누어서 살펴보고 있다. 우선 신화적 측면에서는 제임스 러브록(James Lovelock)의 가이아 가설과 샐리 맥패그(Sallie MacFague)의 에코페미니즘(Ecofeminism)을, 두 번째로 제의적 측면에서는 게리 스나이더(Gary Snyder)의 성만찬으로서의 먹이사슬 개념을, 공동체적 측면에서는 로버트 헌터(Robert Hunter)의 그린피스 운동과 머레이 북친(Murray Bookchin)의 사회생태주의를 분석해 보고자 한다. 종교학자 김종서는 종교를 아메바에 비유한 바 있다. 이는 종교의 뛰어난 생존능력을 가리켜 표현한 말일 것이다. 아무리 시대가 변하고 세상이 바뀌어도 종교는 자신의 시대에 걸맞게 새로운 옷으로 갈아 입고 새롭게 다시 등장한다는 것이다. 어쩌면 환경의 시

대에 종교는 환경이라는 옷을 입고 자신의 허물벗기를 꾀하고 있는지도 모
른다. 그렇다면 이제부터 종교가 또 어떻게 환경의 옷을 입고 등장하고 있는
가에 대해 그 면면을 하나씩 살펴보도록 하겠다.

1. 신화적 요소

1) 러브록의 가이아 가설

현대인은 지구촌에 살고 있다. 이미 우리는 지구라는 전체적 공간 의식
속에서 살고 있는 것이다. 교통수단과 통신의 발달로 인해, 더 이상 각자
의 마을이나 국가 단위에 한정해서 사고할 수 없는 시대에 인간이 놓인
것이다. 그래서 요즘 지구에 관한 논의가 성행한다. 논의의 대부분은 환경
파괴나 생태계에 대한 위기감에서 출발하고 있는데, 그때 참고 되는 대표
적인 이론이 바로 제임스 러브록(*James Lovelock*)의 '가이아 가설'이다.

러브록은 『가이아, 지구생물에 대한 새로운 시각』이라는 책에서, 그리스
신화에 나오는 대지의 여신 '가이아'와 생물이 환경에 일방적으로 순응해
진화하는 존재가 아니며, 생물과 환경은 서로 의존하며 진화한다는 개념을
제기하였다. 가이아 가설의 과학적 근거는 러브록이 NASA에서 태양계 조
사에 참여하여 지구의 대기조성이 주변 행성과 크게 다른 점을 발견하면
서 시작한다. 금성과 화성이 가장 단적인 예로 두 행성 모두 대기 중의
이산화탄소의 비율이 95%를 차지하고 있어, 지구의 0.03%와는 크게 다르
다는 것이다. 러브록은 원시지구의 이산화탄소의 비율은 금성·화성과 비
슷했으나 지구가 생명체를 배태하면서 이 생명체가 지구 대기조성을 바꾼
것이라고 설명했다. 러브록은 이러한 발견을 통해 다음과 같은 결론에 도
달하였는데, 이것이 바로 가이아 가설이다.[129]

지구는 태양열의 방출량이 25%가 증가했음에도 불구하고 생명이 시작된 이래 총 46억 년 동안 생물체들이 살기에 적합한 장소로 유지되어 왔다. 대기는 활성가스들의 불안정한 혼합으로 이루어졌음에도 불구하고 오랜 기간 동안에 누구라도 거주자가 될 수 있도록 안정적이고 숨쉴 수 있도록 유지되어 왔다. 우리는 모든 가능한 세계 중 최상의 세계에서 살고 있다는 이러한 또 다른 증거가 가이아 가설의 기본이었다. 생물체는 항상 그리고 적극적으로 그들의 행성을 살기에 적합하도록 유지해 왔다.[130]

러브록은 지구의 모든 구성체들이 마치 유기체처럼 자기 조절의 능력을 갖고 있으면서 자신에게 가장 적절한 환경을 유지하려고 작동하고 있다고 본다. 이는 지구가 단지 죽어있는 사물이라든가 아니면 생명체에 일방적으로 영향을 받아서 형성되는 수동적인 조건에 불과한 것이 아니라는 의미이다. 그러한 자기 조절의 과정에서 지구 환경의 제요소들은 상호연관성을 유지한다.[131]

---

129) 마쓰이 다카후미(松井 孝典)는 가이아 이론이라는 명명은 윌리엄 골딩이 붙여준 것이라고 주장하였다. "가이아(Gaia)는 희랍 신화에 등장하는 대지의 여신인데 그 이름은 '게(Ge)'라고 하며 지리학이나 지질학의 어원이 되는 말이라 한다. 희랍신화의 가이아는 카오스에 버금가는 최초의 신이고 우라노스(하늘)와 폰토스(바다)를 비롯해서 후에 등장하는 모든 신들과 인간도 그녀가 낳았다고 한다. ……러브록은 지구를 은유적으로 가이아에 비유한 것이 아니라 지구의 생명, 대기, 해양, 대지 등 복잡한 체계를 이루는 하나의 유기체라고 생각하고 생명에 있어서 가장 적합한 환경을 유지하려고 한 피드백 시스템의 총체를 가이아라고 부르고 있다. 이러한 러브록의 가설에다 가이아라는 이름을 붙인 것인 영국 남부의 월트셔 지방의 같은 마을에 사는 노벨상 작가 윌리암 골딩이라고 한다." 松井 孝典, 『サンサーラ』, 東京: 岩波書店, 1990. 마쓰이 다카후미, 김원식, 『지구 46억 년의 고독』, 서울: 푸른미디어, 2000. p.215.
130) Lovelock, J., *The Ages of Gaia-A Biography of Our Living Earth*, Oxford: Oxford University Press, 1988. p.25.
131) 러브록의 가이아 가설은 지구의 역사와 생물의 진화에 대한 종래의 시각과 견해를 달리하는 새로운 입장을 표명한다. 즉, 생물과 무생물을 철저히 구분하고 지구 과학과 생물학, 천문학 등으로 나누어 분야의 세분화된 특성대로 자연 현상을 분석하는 데 비해, 가이아 가설은 지구 환경과 관련한 여러 가

이러한 면에서 본래 가이아 가설은 환경이 생명을 좌우하는 것이 아니라, 생명이 환경을 좌우한다고 본다. 생명이나 생물권은 자신의 생명에 적합한 범위에서 기후와 대기성분을 조절하거나 유지한다는 것이었다. 그러나 가이아에 대한 이해가 깊어지면서 그 조절의 주체가 생명이나 생물권이 아니라 전체의 체계라는 것을 알게 되었다. 즉 생물체의 진화는 그 물리적, 화학적 환경과 밀접하게 연관되어 있기 때문에 그 합쳐진 전체가 단일한 진화과정을 이루고 자체조절의 능력도 가진다는 것이다. 그렇기 때문에, 기후, 암석, 대기, 해양의 성분 등도 단순히 지질학적 조건으로 결정되는 것이 아니라 생명의 존재에 의해서도 영향을 받는 것으로 보아야 한다는 것이다. 가이아, 즉 지구라는 행성이 지난 46억 년간 생명체가 살기에 적절한 조건을 가졌다는 것도 생명조직의 끊임없는 작용 때문이라는 말이다. 그렇기 때문에 환경에 거슬리는 작용을 하는 존재들은 제거될 것으로 보는 것이다.

러브록은 가이아 가설을 증명하기 위해서 '생명이란 무엇인가'라는 초보적인 질문을 먼저 던진다. 그는 가이아 이론에서 말할 수 있는 정의에는 지구생리학자의 정의가 포함된다고 한다. 지구생리학자의 입장에서 '생명'이란 경계가 있으면서도 물질과 에너지의 이동이 가능하며 변하는 외부조건 속에서 내부의 화학 구성과 물리적 상태를 고르게 유지하는 능력을 가진 조직이다. 이는 곧 '항상성'을 가진다는 의미다. 러브록은 가이아가 상식적으로 말하는 식의 살아있는 것은 아니지만 그 자기조절의 기능이 생명체의 특성과 같다고 하는 것이다. 그리하여 그는 생명의 개념을 넓게 잡아서 적어도 대사 작용을 하고 자기조절기능을 가진 것들은 다 포함하도록 하는 것이 좋겠다고 한다.

지 상호연관성을 전체적인 시각에서 조망하여 다양한 생물이 지난 40억 년 동안 지구 환경을 변화시키는 원동력으로 지구의 역사를 이루어 왔다는 점에 주목한다. 에리히 얀취(Erich Jantsch)는 지구 생명체의 능동성을 '스스로 짜짓기(autopoiesis)'라는 개념으로 정리하였다. 김재희 엮음, 『깨어나는 여신』, 서울: 정신세계사, 2000. p.110.

132

그는 생명의 문제를 거시적으로 보면서 지구를 해부학적으로 들여다보기를 권유한다. 지구를 해부학적으로 보아 그 장기와 부위들을 찾아보려면 지구를 하나의 초유기체(Superorganism)로 보아야 한다고 한다. 다시 말하면 엄밀한 의미에서 생명체는 아니라고 하더라도 최소한 생명체의 특징들을 가진 조직으로 볼 수 있다는 것이다. 이러한 견지에서 그는 가이아, 즉 지구생명체를 의학적으로 진단할 수가 있다고 한다. 그는 이것을 행성의학이라고 부른다.[132]

이와 같은 관점에서 보면 인류의 위상은 단지 지구생명체의 붙어사는 병원균과 같아진다. 다시 말해 인간중심적이고 사회집단적인 사유와 심술들은 가이아의 조화로운 공생관계를 파괴하는 병균이 되는 셈이다. 러브록은 지구의 질병에 대해서는 절묘한 처방이나 치료법은 없다고 한다. 행성

[132] "즉 내과, 외고, 소아과, 부인과 등으로 의사가 진료 분야를 나누는 것처럼 행성과 의사의 눈으로 지구를 보자고 한다. 그는 행성의학은 행성생명의 존재를 전제로 하는 것이라고 한다. 의사의 진료와 지구관찰은 여러 가지로 비교해 볼 수 있다고 한다. '핵겨울의 감기', '온실효과의 열병', '산성비의 소화불량', '오존층의 반점' 등으로 비교가 가능한 것이며 이것들이 치명적인 질병의 전조인지 다소 불편을 느끼는 정도인지도 판단할 수 있을 것이라고 본다. 그는 말하기를 지구의 역사를 통해 전체의 체계가 교란된 시기도 있었고 그 안에 사는 생명체들이 고통을 겪은 시기도 있었다는 것이다. 큼직한 소행성이 떨어졌을 때나 대기 중의 산소의 비율이 엄청나게 커졌을 때와 같은 경우가 그 때라는 것이다. 오늘날은 인류의 존재와 그들이 일으키는 오염이 심각한 문제를 일으키고 있는 중이라고 한다. 지구의 전체체계가 이런 상태에 빠져 있는 것을 질병이라고 진단하는 것이 전혀 잘못된 것이 아니라는 것이다. 그는 이에 따라 보통의사와 행성과 의사가 진단할 때 사용하는 기구와 방법을 비교해 보기도 한다. 온도를 측정할 때 보통 의사들은 체온계를 사용하지만 행성과 의사들은 위성탑재방사선측정기를 사용한다. 혈압을 측정할 때 일반 의사들은 혈압계를 쓰는데 행성과 의사들은 대기 중 탄산가스 측정기를 쓴다고 한다. 또 조직검사를 위해서 일반 의사들은 조직샘플을 검사하는데 비해 행성과 의사들은 생태계를 연구한다고 한다. 러브록의 이런 관점에 의하면, 지구에서의 인류를 일종의 세균일 뿐이다." 김도종, 『환경과 철학』, 익산: 원광대학교출판부, 2000. pp.94-95.

과 의사가 인간과 지구 사이의 관계에 대해서 내려줄 수 있는 유일한 처
방은 어버이가 자식들에게 베푸는 것과 같은 너그러움과 사랑이라고 결론
내리고 있다. 그에게 인간은 거대한 생명공동체인 가이아에게 병을 줄 수
도 있지만 다른 한편으로 너그러움과 사랑을 통해 가이아의 자기 조절 과
정에 긍정적으로 참여할 수도 있는 것이다. 그리고 그 과정에서 요구되는
너그러움과 사랑이라는 덕목은 조화로운 공생을 위한 인간의 책무가 된다.

비록 러브록이 에코페미니스트들이 주장하고 있는 것처럼, 지구를 여신
의 몸으로 직접적으로 연관시키지는 않았다고 할지라도, 그가 지구를 하나
의 전체적인 살아있는 유기체로 파악하고 그 구성원들을 각각의 기관에
비교한 점에 있어서는 다분히 신화적인 요소가 들어있다고 할 수 있을 것
이다. 이는 다음에 거론될 샐리 맥패그(Sallie MaFague)의 에코페미니즘에
는, 그녀가 지구를 하나님의 몸에 비유하고 있는 점에서 그 신화적인 색채
가 더욱 분명해진다.

2) 맥패그의 에코페미니즘

에코페미니즘(Ecofeminism)은 에콜로지와 페미니즘이 결합된 용어이다.
이는 여성과 자연 사이에는 어떤 유비가 존재한다는 인식에서 출발한 것
이다. 곧 여성은 자연으로, 자연은 여성으로 전이되어 독해되는 방식이 보
편적인 문화현상이었다는 각성에서 출발한다.133) 특히 종교적 상상력에서

---

133) 발 플름우드(Val Plumwood)는 이 점을 잘 정리하였다. "이러한 결합은 여성
의 대우와 지구의 대우 사이에 존재하는 두드러지는 동일선상으로부터 발생
한다. 예를 들어, 양자의 전통적 역할은 도구적인 것이었다. 여성과 자연은
그들 자신의 권리 안에서 본질적인 가치를 가지고 있는 것으로보다는 오히
려 유용성에 비추어서 보여 진다는 것이다. 또한 양자는 위계질서적 체계 안
에서 날카롭게 구별 지워진 위치를 갖는다. 하지만 여성과 지구의 처우 사이
의 연장선을 이해하는 것에 덧붙여서, 에코페미니즘은 또한 개념적 차원-세

134

이런 현상은 두드러졌다. 에코페미니즘이란 용어에 대해 캐롤린 머천트(*Carolyn Merchant*)는 1974년에 프랑스와즈 드오봉(*Francoise d'Eaubonne*)에 의해 맨 처음 사용되었다고 주장한다. 드오봉은 이 말을 "지구 위에서 인간 생존을 보존하려는 생태학적 해결을 위한 여성의 잠재력"134)이라는 의미로 사용하였다.135)

한편 로즈마리 류터(*Rosemary Ruether*)는 여성과 자연에 대한 지배와 착취는 그것을 정당화하는 허위 문화에 의해 발생한 것이라고 진단하고, 이러한 허위문화는 상징적으로 세 가지 신화적 패턴을 통해서 이루어져 왔다고 주장하였다. 또한 생태학적 문화와 사회의 건설을 위한 세 가지 요소, 곧 생태계를 이해하고 책임지는 지역공동체 재형성, 생존수단을 공평하게 나누는 권리는 인정하는 정의로운 인간관계, 사랑의 연대를 통한 경쟁적 소외와 지배 문화의 극복을 들고 있다.136) 이러한 류터의 주장에는 여성과 자연을 착취하는 문화를 극복하는 좋은 방안이 담겨 있다고 할 수 있다. 특히 여기서 그녀는 신화적 패턴이 갖는 허위성을 간파하고 그것을 비판하고 있다.

한편 생태학에 관심을 가진 많은 현대 신학자들과 같이, 개신교 신학자인 샐리 맥패그(*Sallie MacFague*)는 전통적 기독교신학은 재성찰과 갱생의 필요를 갖는다고 말하였다. 다시 말해 기존의 신학은 자연과 지구 등에 대한 인간의 의존적인 관련성을 간과하고 그것들에 대해 폭력적인 태도를

계관, 신화, 상징, 관념, 그리고 이미지의 차원-에서 이러한 연장선을 이해하였다." Rae, E., *Women, the Earth, the Divine*, New York: Orbis books, 1994. p.23.

134) 같은 책.

135) 엘레나 라에(Eleanor Rae)는 에코페미니즘의 흐름을 다음의 세 가지로 요약하였다. "첫째는, 정치적 이론과 문화적 역사의 연구를 통한 것이다. 둘째는, 여성을 영예롭게 여기는 종교와 자연에 기초한 종교에 대한 재발견을 통한 것이다. 그들은 성서는 자연 그 자체이며, 성서의 초점은 하나님의 초월성보다는 내재성에 있다고 주장한다. 셋째로, 녹색 정치학과 같은 환경운동을 통한 것이다." 같은 책.

136) 같은 책. p.40.

취하도록 부추기기 때문이다. 특히 인간이 거주하는 땅을 진정한 삶의 자리가 아니라 잠시 거쳐 가는 나그네길처럼 여기는 태도에 대해 그녀는 비판한다.

> 기독교사상을 지배해 왔던, 어떤 신의 이미지들과 양태들은 이제는 시대에 뒤떨어진 것일 뿐만 아니라 위험스러운 것이기도 하다. 그것들은 위험스러운 것이다. 왜냐하면 그것들은 단순한 생존을 위해 지구에 대한 인간의 의존과 깊은 관련성을 무시하는 세계에 대한 태도들을 부추기고 있기 때문이다. 그것들은 땅과 자연을 특별히 인간의 목적을 위해 창조된 것으로 생각하는 인간의 경향성을 더욱 심화시키기 때문에 위험스러운 것이다. 그것들은 인간존재는 땅이 '고향'이 아니라, 오직 잠깐 체류하는 것이라는 태도를 조장하기 때문에 위험스러운 것이다.137)

맥패그는 전통 기독교 신학에서는 하나님을 권세 있고, 초월적인 전제군주라고 말하는 강한 경향성이 있음을 지적하였다. 적들과 투쟁하고 그들을 굴복시키는 하나님, 자신이 창조한 지구 바깥에 존재하는 위엄 있고 초월적인 하나님이라는 기존의 지배적인 개념들은 하나님과 땅 사이에 날카로운 이분법을 강조하고 있다. 이러한 관념은 하나님과 자연, 그리고 하나님과 인간 존재 사이에 불균형적인 이원론의 한 경향성을 부추긴다. 맥패그에게 이러한 차별적인 이원론은 생태학적 차원에서 부정적인 역할을 한다. 곧 여성으로 대변되는 대지의 존재론적인 가치를 인정하기보다는 수단화하거나 착취의 대상으로 설정하기 때문이다.

맥패그는 또한 많은 기독교 신학에서 강조하는 개인구원을 비판하였다. 개인적 인간존재와 신과의 관계성에 우선하다 보면 우리가 살고 있는 사회적이고 생태학적 조직망에 대한 중요성을 최소화할 수밖에 없다는 것이 그 비판의 골자이다.138) 다시 말해 개인 구원만 강조하면, 그 개인과 하나

---

137) Kinsley, D., 앞의 책. p.174.
138) 같은 책. p.175.

님의 일대일 관계에서 구원을 추구하고 다른 창조물, 특히 지구와 같은 물질세계와의 관계망을 외면하게 되기 마련이다. 그것들은 구원의 길에서 일시적인 무대에 지나지 않거나 혹은 구원을 가로막는 방해물로 치부되기 일쑤다.

맥패그는 오늘날 세계에는 이 지구 위에서 삶의 파괴로 우리를 몰고 가고 있는 강력한 요인들—정치적, 경제적, 그리고 종교적—이 있다고 말한다. 그녀에게 현재 인간존재가 지구와 지구 위에 존재하는 무생물적 삶에 독을 뿌리는 능력을 가지고 있다는 사실을 심각하게 인식하지 못한 신학은 쓸모가 없다. 오늘날에 적절하고 존속 가능한 신학은 생태학적 환경적 관심들에 주의를 기울여야 한다. 저 멀리 떨어져 있는 하늘 안에서 존재하기 위해 지구를 떠나는 것을 의미하는 사건으로 보고서 개인구원과 그들 자신들에게만 관심을 가지고 있는 신학들, 혹은 철저하게 하나님은 그와 함께 하늘에서 살 소수의 선택받은 자들을 구원할 뿐 진노의 심판으로 세계를 멸망시킬 것이라고 이야기하는 신학들은 전적으로 부적절한 것이며, 당면해야 할 문제들을 진지하고 비판적으로 다루는 데 실패하였다. 갱생된 기독교 신학은 지구의 지속적인 황폐화 안에 얽혀 있는 인간적 태도들과 주장들을 변경시키는 데 목표를 두어야 한다.

기독교 신학의 문맥에서, 맥패그의 가장 자극적인 사상은 우리는 지구를 하나님의 몸으로 간주해야 한다는 것이다. 지구 자체가 하나님의 현현히 이뤄진 신성한 공간이라는 인식을 그녀는 주장한다. 이는 하나님이 지구라는 창조물에 갇혀 있음을 의미하지 않는다. 왜냐하면 하나님은 구체적인 몸에 한정되는 개별자가 아니라 보편자로서 존재하는 창조주이기 때문이다. 그럼에도 불구하고 지구를 하나님의 몸이라고 봄으로써 지구가 단지 물질덩어리에 지나지 않는 물건이 아니라 신성한 가치를 지닌 생명체로 재인식하게 된다.139) 결국 이러한 생태학적 사유는 기존에 부정시되던 지

---

139) 같은 책. p.176.

구와 자연을 신성의 영역에 하나의 일원으로 끌어 올린다.140)

맥패그는 십자가, 부활, 화육과 같은 기존의 기독교 주제를 하나님의 몸으로서의 지구 개념과 연계지어 이해한다. 현대 상황에서 십자가는 지구의 오용과 남용, 곧 하나님의 몸에 대한 착취와 독살포를 가리킨다. 에코페미니즘 신학에서 창조물, 인간과 비인간의 억압, 생태계의 의도적인 훼손은 하나님의 몸에 거스르는 죄로 간주된다. 십자가는 지구에 대한 인간의 남용 안에서 매일 현실로 나타나는 진행되는 사건으로 보여 진다. 예수의 십자가에 대한 성서의 설명에서처럼, 지구를 해치는 인간존재의 관념은 인간의 손에 고통 받는 하나님을 연상하게 한다.

맥패그는 기독교 신화학에 있어서 중심적인 화육과 부활의 주제들을 하나님이 완전히 물질적 창조 그 자체 안에 침투되어 있다는 것(화육)과 땅 위에서 우리와 영원히 함께 현존한다는 것을 의미하는 것(부활)으로 해석하였다. 기독교 신화학에서 중심적인 주제는 하나님이 그 스스로 인간 예수가 되는 모험을 감수하였다는 것이다. 신은 그 스스로 지구 위의 삶과 자신을 완전히 동일시함으로써 인간에 의해 남용당하고 고통당하는 것에 노출되어 있다. 이러한 주제는 세계를 하나님의 몸으로 생각하는 것 안에서, 현대적 관련성을 가지는 것으로 이해된다. 하나님은 지구처럼, 그 스스로 인간 남용에 상처받기 쉽기도 하지만, 또한 그 스스로 직접적이고 강한 연합을 창설할 수도 있다. 맥패그의 신학에서, 하나님은 종종 세계를 방문하는 것이 아니라, 여기에 항상 지구 그 자체 안에 현존하신다.

전통 기독교 문맥 안에서 자극적인 맥패그의 신학의 또 다른 중심적인

---

140) 조성구는 맥패그의 생태신학을 '유기적 생태학적 모델'로 이해하고서 다음과 같이 설명하였다. "맥패그는 구체적인 유기적 생태학적 모델로써 하나님과 세계와의 관계를 보다 일체화시킨 새로운 상징으로 '하나님의 몸으로서의 세계'라는 개념을 소개시키는데 이 세계가 하나님의 몸이라는 사실은 인간이 전 우주를 당신(Thou)으로 만나야 함을 의미하며 전자연의 성례전적 신비로서 이해해야 한다고 하였다. 맥패그에게 하나님은 우주 없이, 우주는 하나님 없이 생각할 수 없으며 따라서 신학의 으뜸 과제는 생태학적, 우주적 감수성을 회복하는 일이라고 했다." 조성구, 앞의 책. p.42.

주제는 하나님과 어머니의 동일화이다. 어머니로서의 하나님의 모델은 하나님의 몸으로서의 지구의 관념을 강화시킨다. 맥패그의 신학에서 하나님의 몸으로서의 지구는 모든 존재들이 거기로부터 쏟아져 나오는 원천이자 자궁이며, 모든 삶을 부양하는 근거로서 보여 진다. 인간존재는 그것이 아니면 존재가 불가능한 땅으로부터 태어났고, 그것에 의해 부양 받으며, 그것에 의존하고 있다. 어머니로서의 하나님의 이미지와 그녀의 몸으로서의 지구의 이미지는 하나님을 지구로부터 멀리 떨어져 있는 남성으로 생각하는 기독교 사상의 전통을 전복시킨다. 또한 기독교 사상에서 위계 질서적인 망을 극소화시킨다. 어머니로서의 하나님은 항상 그녀의 자녀들에게 필요한 것들을 공급해 주며, 매일 그녀의 몸으로부터 자양분을 공급해준다.

또한 맥패그의 신학에서, 어머니로서의 하나님의 관념과 그녀의 몸으로서의 지구의 관념은 모든 창조물들의 상호연관성을 강조한다. 모든 존재들은 어머니인 하나님의 자녀들이며 그녀의 사랑을 받는다. 인간존재는 다른 종들의 경쟁자라기보다는 형제자매로 이해된다. 비록 인간존재는 특히 땅을 돌보는데 중요한 책임감을 가지고 있기는 하지만 그들은 다른 종들의 지배자나 조절자로서 이해되지도 않으며, 다른 종들은 인간의 필요와 목적을 위해 특별히 하나님에 의해 창조된 것으로 이해되지도 않는다. 이러한 의미에서, 맥패그는 많은 기독교 신학에서의 인간중심주의에 대한 경향성을 거부하며 그것을 모든 존재들 간의 친족성으로 대체시킨다. 이러한 친족적 사유는 존재론적인 위상의 동질성을 확인해주고, 또한 다른 창조물과의 상호연관과 상호연대에 대한 인식의 길을 열어준다.

맥패그의 신학에서 지구를 신성화 혹은 신격화하며 지구를 어머니로서 인격화하는 입장은 원시종족들과 아시아 종교들 안에서 성스러움과 여신의 위상을 갖는 지구의 주제를 반영한다. 그러한 경우들에서처럼, 맥패그의 신학에서도 사람들이 거주하는 땅 혹은 전체로서의 지구에 대한 존경심과 영적인 교류를 연마하고 창설하는 것에 대한 강조가 있다.

에코페미니즘은 남성적 지배문화와 위계적 이분법을 비판하면서 그동안 억압의 대상이었던 여성과 자연의 숨겨진 가치를 드러내었다. 무엇이 진정 가치 있는 특성이고 무엇이 진정 지구문명 전체를 위한 활동인가에 대한 재평가를 시도하면서 기존의 가치를 전복시켰다. 에코페미니즘은 가부장제 문화에서 말하는 진보를 거부하고 그 동안 평가 절하되었던 여성의 양육하는 가치를 복원시켰다. 그리고 여신 숭배, 가이아, 몸, 자연적 주기, 모든 것의 상호관련성 등을 강조하면서 생태학적 영성을 추구하였다. 이러한 여성적 가치가 살아날 때 여성의 해방과 동시에 자연의 해방이 이루어질 수 있다는 것이다.[141]

그러나 지배와 정복에 기초한 사회에서는 결코 여성해방이나 생태위기의 극복이 이루어질 수 없다. 그러므로 지배와 정복의 사회적 관계는 보살핌과 나눔의 관계로 전환되어야 한다. 에코페미니즘은 여성운동과 생태운동의 흐름을 모두 끌어안아 자연 파괴적인 사회 경제적 관계와 이를 지지하는 가치체계를 근본적으로 전환시키려는 의식적인 노력의 과정에서 탄

---

141) 여성이 남성과 달리 스스로를 해방시킴과 동시에 자연 해방의 주역이 될 수 있는 조건은 무엇인가에 대해, 김재희는 다음과 같이 제시하고 있다. "첫째로, 여성이면 누구나 겪는 공동의 억압과 차별 체험이다. 대부분의 여성은 계급과 계층을 불문하고 매일매일 어느 현장에서나 억압의 체험을 공유한다. 억압의 체험은 여성으로 하여금 가부장제와 생태파괴의 문제를 남성과는 다른 관점에서 보도록 한다. 따라서 여성은 남성들보다, 소수 민족이나 원주민 등의 처지를 쉽게 이해할 수 있게 된다. 즉 여성주의적 관점에서 연대한 사회적 약자들이 위계적 사회구조를 바꾸어 나가는 주체를 형성할 가능성이 있는 것이다. 둘째로, 여성의 월경, 임신, 출산, 수유 등의 생명 체험은 여성 스스로의 삶을 자연의 과정으로 인식하도록 하고 여성 스스로를 자연과 더욱 쉽게 동일시하도록 만든다. 이와 같은 여성과 자연 사이의 밀접한 관련성은 여성들에게 자연해방을 위한 특별한 통찰력과 추진력을 제공한다. 여성의 일은 기본적으로 생명을 보살피고 인간관계를 평화롭게 유지시키는 데 관계하고 있으며 보살핌과 나눔의 생활이 여성들을 새로운 해방의 주체로 나서게 하는 구조적 조건이 된다. 이렇듯 에코페미니즘은 여성만의 해방에 그치지 않고 소수 민족, 원주민, 이주노동자, 전쟁난민, 어린이, 노인, 병자, 실업자, 수감자 등 모든 억압받는 사람과 멸종 위기의 동식물, 급격히 황폐해지는 대지와 열대 우림을 살릴 수 있는 생태 중심적이며 포괄적인 해방이론으로 전개되고 있다." 김재희, 앞의 책. pp.186-187.

생하였으며, 따라서 그러한 과제를 자신의 임무로 지니고 있다. 기존의 가부장제적이고 자연멸시적인 지배적 세계관에 대한 비판의식에서 형성된 에코페미니즘은, 단지 인식의 문제에 그치지 않고 삶의 방식을 실천적으로 변혁시켜야 한다는 시대적 소명을 자임하고 있는 것이다.

우리는 러브록의 가이아 가설과 맥패그를 비롯한 에코페미니즘의 사상을 살펴보면서, 힌두교의 푸루샤 창조신화를 떠올리게 된다. 이 창조신화는 지구는 한 거대한 신인 푸루샤의 몸으로부터 창조되었고, 지구의 각 부분들은 푸루샤의 몸의 한 부분과 일치한다는 이야기이다. 이는 러브록이 지구를 하나의 거대한 초유기체(가이아)로 보았고, 맥패그가 하나님의 몸으로 파악했던 것과도 일맥상통하다고 할 수 있을 것이다. 여기에서 우리는 현대 환경윤리에서 보여 지고 있는 신화적인 요소를 발견할 수 있을 것이다. 다음에 거론될 게리 스나이더(Gary Snyder)의 생태사상 안에는 요아힘 바하가 정의한 종교경험의 두 번째 요소인 제의적 요소가 다분히 들어 있다고 할 수 있을 것이다.

2. 제의적 요소

1) 스나이더의 성만찬 먹이사슬론

게리 스나이더(Gary Snyder)는 불교적 세계관과 미국 인디언 영성에 강한 유대감을 갖고 있는 현대 미국의 생태시인이다. 시와 산문으로 된 그의 작품 안에는 생태학적 영성, 종교의 기여방안 등 현대 환경위기와 관련된 중요한 생태학적 주제들이 담겨 있다.

스나이더의 작품 안에서 하나의 중요한 주제는 모든 것들의 상호연관성이다. 이러한 상호 연관적 사유는 바로 불교의 연기론적 세계관과 호응한다. 불교에서 말하는 인드라 신의 보석 망 안에서 각각의 다면적 보석들은 다른 보석을 모두 반영한다. 이는 고정된 실체가 따로 존재하는 것이 아니라 존재들이 상호연관 속에서 존재한다는 것을 의미한다. 따라서 당연히 개체는 고립적이고 독존적인 방식으로 다른 존재와의 연관성으로부터 벗어날 수 없다. 그렇게 사유하는 것은 개체적 자아에 집착한 무지의 결과에 불과하다. 스나이더는 더 넓은 존재의 세계와 접촉하는 것으로 돌아가고, 인간 중심적인 우리의 경향성을 거부하고 거스르고, 더욱 더 생태 중심적이고 땅 중심적인 관점을 받아들이는 것은 우리의 영적인 복지와 생존을 위해서 중요한 것이라고 말하였다. 그리고 상호 연관된 관계의 양식은 인간이라는 생명체 종류를 넘어서 모든 생태적 공동체로 확장되어야 한다고 본다. 스나이더는 때때로 특별히 '나무로부터의 음성을 듣는데' 주위를 기울인다고 주장하면서 생태공동체의 비인간적 국면들을 대변하는 시인이자 불교도였다.

스나이더가 생물권역(bioregion)이라고 언급한 것 안에서 비인간적 영역과의 영적인 교류는 또한 자신의 소속감을 확증해 준다. 그는 도시, 농촌, 주, 그리고 국가 경계들은 항상 완전히 자연적 생태 지역들에 비추어서 인공적인 것이다. 그것들은 수 천 년 동안 발전해온 지역의 내적인 전체성과 통합성을 왜곡시키는 인간에 의해 땅에 지워진 정치적 경제적 짐을 표현한다. 스나이더는 자신의 주, 농촌, 혹은 국가적 시민권을 넘어서서 자신의 생물권역의 시민권을 주장하는 것은 비인간적 영역과의 영교를 향한 첫걸음이라고 말하였다.

이와 유사하게, 그가 보기에 학교에서 항상 가르치는 역사와 신화학은 사람이 살고 있는 곳의 '자연적' 역사와는 아무런 연관이 없다. 오히려 그것은 땅의 본질과 통합성을 담지하고 있지 않은 최근 인간의 정치적 사건들에 관심을 가진다. 생물권역 안에서의 자신의 소속감을 확인하는 것은 학교에서 가르친 것과는 다르고 전혀 새로운 이야기를 배우는 것이다. 그것은 라이엘 산에서의 자연에 대한 생생한 그의 체험기에서 잘 나타나고

있다. "여기를 아침 일찍 걸어갔다. 커다란 옥석과 백송 숲 사이에서 좋은
야영지를 발견하였다. 땔감(이것들은 소나무 아래에 떨어져 있는 죽은 잔
가지들이다)을 주워 모은 다음 라이엘 산으로 올라갔다. 비가 왔다. 가까
이에서 천둥과 번개가 쳤다. 폭우가 쏟아지는 속에 남쪽으로 야생 들판이
보였다. 폭우는 윙윙 소리를 내며 바위들을 내리쳤다. 나의 머리카락과 턱
수염을 적셨고 나의 귀전을 왱왱 때렸다. 바람이 나의 맨다리를 휘갈기듯
후려쳤다. 우리는 돌아가야만 했다. 그러나 우리는 그러지 않았다."142)

스나이더의 사상 안에서 핵심적인 관심사는 음식과 식사에 관련된다.
왜냐하면 음식과 식사는 이른바 공동체에서 발생하는 상호의존적인 관계
의 본질을 가장 전형적으로 구현하고 있기 때문이다. 다시 말해 우리의 생
존은 끝없이 다른 생명의 희생과 참여 속에서만 가능하며, 그 역으로 우리
자신의 생명 역시 생태계 전체의 생존 속에 희생물로 바쳐지기 마련이다.

> 상호 관련된 공동체로서의 세계의 본질은 먹는 것의 보편적이고, 영속
> 적인 필연성 안에서 생생하게 된다. 모든 먹는 행위는 창조물들의 상
> 호연합과 그들의 상호의존성에 대한 극적인 증거이다. 먹는 것은 이러
> 한 세계 안에서 우리가 서로를 살찌우고, 우리가 가장 문자적인 방식
> 으로 서로 서로를 부양하는 점을 형성한다. 무엇보다도 모든 음식은
> 유기적이며, 모든 음식은 또 다른 삶을 지탱시키는 삶의 희생물을 표
> 현한다.143)

스나이더에게 있어서, 먹이 사슬 혹은 먹이 그물은 자연 안에서의 성례
전이다. 우리가 우리의 상호의존성의 근본적인 사실 안에 가장 친밀하게
참여하는 것은 먹는 것에 의해서이기 때문에 성스러운 의례이다. 우리는
이러한 삶의 물리적인 망 안에서의 하나의 요소이며, 우리는 다른 요소들

---

142) Snyder, G., *The High Sierra of California*, Berkeley: Heyday Books, 1997.
p.71.
143) Kinsley, D., 앞의 책. p.219.

에 의해 살아간다. 우리가 취하는 모든 부분들은―그것이 식물이든 동물이든―삶의 희생제의를 포함한다. 스나이더는 먹이망을 성례전적인 에너지 교환이며, 혁명적인 상호 나눔이며 연합이라고 보았다. 그는 자연의 모든 것은 하나의 선물교환이며, 하나의 소찬 잔치(potluck banquet)이며, 거기에는 어떤 것의 음식이 아닌 죽음도 없으며, 어떤 것의 죽음이 아닌 삶도 없다. 이러한 사유방식에는 앞서 말한 불교적인 연기론적 세계관이 함축되어 있다. 또한 윤회설이 음식문화의 차원에서 변형되어 있는 듯한 인상을 주기도 한다. 어쨌든 그의 사유에서 상호의존적인 희생관계는 이 생태계를 유지시키는 핵심적인 요소다.

이런 상호의존 속에서 개체의 정체성에 대한 집착은 당연히 부정된다. 지속적인 에너지 교환 혹은 순환이 발생하고 있는 통합된 생물권역의 부분으로서 우리는 우리 자신의 육체, 우리 자신의 자식이나 부모로서 모든 존재를 볼 수 있다. 그리고 우리는 우리 스스로를 '삶의 지속성을 위해 제공되는 것'으로서 볼 수 있다. 스나이더는 이러한 어조로 숙고하면서, 다음과 같이 극단적으로 묻는다: "만약에 우리가 서로를 먹는다면, 그것은 우리가 그 안에 살고 있는 사랑의 위대한 행위가 아닌가?"[144] 이렇게 질문할 수 있는 그의 사유 속에 세계의 모든 존재는 단지 일시적으로 현재의 정체성을 갖고 있으며, 계속 새로운 관계 속에서 변형이 발생하는 사태 자체는 매우 자연스럽고 두려워할 일이 아니다. 우리가 살고 있는 세계의 역동성은 본질적으로 상호존재와 상호 먹음에 의해 특징 지워지며, 스나이더는 이것을 성찬의 한 근거로 보았다. 그는 다음 시를 통해 이를 잘 표현해 주고 있다.

---

144) 같은 책.

「맛의 노래」

풀들의 살아있는 싹들을 먹는 것
큰 새들의 알을 먹는 것

신선한 달콤함이 흔들리는 나무들의 진액 주위에
포장되어 있다.

옆구리살의 근육들과 부드러운 목소리의 암소의 넓적다리
양의 뛰어오를 때의 탄력
황소의 꼬리의 획 하는 소리

토양 안에서 가슴 벅차게 자란 뿌리들을 먹는 것

살아있는 삶에 그려져 있는 것은 공간을 벗어나
얇은 스푼의 한 부분에 송이를 이룬다.
포도 안에 숨어 있다.

서로 서로의 씨앗을 먹는 것
아, 서로 서로를 먹는 것.

생계를 위한 빵에 연인들이 키스하는 것처럼: 입술과 입술이.145)

　식사는 우리들로 하여금 다른 존재들과 직접적인 물리적 접촉을 하게
해 준다. 매일, 매 시간, 우리는 필수적이며 지속적인 식사를 통해서 다른
존재들과 연합한다. 식사 행위 안에서, 다른 창조물들은 구체적이고 물리
적으로 우리가 된다. 간단히 말해, 모든 존재들은 모든 존재들이 상호 연
결되어 있고 상호의존적인 것 안에서 에너지 교환이라는 아주 강하고 구

---

145) 같은 책. p.220.

체적인 과정 안에 포함된다.

존재들이 거룩한 에너지 교환이라는 형식 안에서 일어나는 성스러운 의식으로서 식사행위라는 스나이더의 관점은 우리들에게 원시 사냥문화들에서 중심적이었던 어떤 주제들을 상기시켜준다. 존경을 보내야할 성스러운 존재로서의 사냥감 동물들, 사냥감 동물들의 영혼에게 음식이나 혹은 때때로 인간의 피를 바치는 의례, 그리고 인간존재와 동물들은 본질적으로 연관되어 있고 상호의존적이라는 확신, 이 모든 것은 성스러운 에너지 교환으로서의 먹는 것이라는 스나이더의 이미지를 반영한다.

하지만 먹이사슬의 맨 꼭대기에 위치한 인간은 이처럼 거룩한 성만찬 의례행위 안에서 어떠한 역할을 할 수 있을 것인가? 물론 인간은 죽어서 그 사체가 미생물의 먹이가 되어 존재들의 거룩한 에너지 교환에 참여하게 된다. 그리고 한 가지 중요한 인간의 역할이 있다면, 이 거룩한 성만찬의 향연을 깨뜨리지 않는 것이 될 것이다. 다시 말해 인간은 세계의 이러한 향연을 있는 그대로 인식하고 자신의 변형, 다른 존재와의 상호성에 기반 해 그것을 수용하고, 그러한 흐름을 방해하지 않으면 되는 것이다. 어쩌면 러브록이 지적한 것처럼, 인류는 지금까지 이 성만찬 향연의 거룩한 판을 심하게 훼손시킨 반갑지 않은 불청객이었는지도 모른다. 다음에 거론된 그린피스나 머레이 북친(Murray Bookchin)에게서는 이 거룩한 판의 보존자로서의 인류의 역할에 대한 재 고찰의 노력이 엿보이며, 이들에게서 요아힘 바하의 종교경험의 세 번째 측면인 공동체적 요소를 발견할 수 있을 것이다.

3. 공동체적 요소

1) 그린피스의 환경 십자군론

생태학은 많은 종교사상가들과 종교단체들에게 중심적인 관심이 되고
있다. 점차 증가하고 있는 종교지도자들과 단체들은 그들의 종교적 신념들
과 전통들의 이해에 필수적인 것으로서 생태학적 근거들을 취하고 있다.
생태학적 관심은 몇몇 사람들의 종교적 비전과 활동의 기초를 형성하고
있다. "종교로서의 생태학"[146]은 그린피스의 창설자 로버트 헌터(*Robert
Hunter*)가 둘 사이의 밀접한 관계성을 표현한 문구이다.

본질적으로 종교적인 것으로서의 생태학의 확언은 1971년에 캐나다에서
창설된 환경운동단체인 그린피스의 초기역사에서 아주 분명하게 나타난다.
그린피스라는 이름은 초기 창설자의 이중적 관심 곧 평화와 생태학(peace
and ecology)에서 따온 것이다. 초창기 그린피스는 알라스카의 알류티안
군도 중 한 섬인, 암치크타에서의 지하 핵실험을 저지시키기 위해 12명의
승무원을 탑승한 한 작은 고기잡이 보트에서의 항해시위를 전개하였다.[147]

---

146) Kinsley, D., 앞의 책. p.193.

147) 마이클 브라운(Michael Brown)은 초기 그린피스 창설자들이 특히 퀘이커교도
들의 이른바 '증인되기(bearing witness)'라고 알려진 저항방식을 그들의 운동
방식으로 채택하였고, 그에 따라 그들의 단체이름이 만들어지게 된 과정을
다음과 같이 잘 설명해 주었다. "그린피스의 창단멤버중 한 사람인 짐 볼렌
(*Jim Vollen*)에게 퀘이커를 소개한 사람은 어빙이었다. 퀘이커들은 '증인되기
(bearing witness)'라고 알려진 저항방식을 신봉하고 있다. 일종의 수동적 시
위형태로서 반대해야 할 행위를 하는 곳에 가서 현장을 지켜보고 그곳에 자
신들이 있다는 것을 알림으로써 저항하는 방법이다. ……볼렌은 스토우와 함
께 Don't make a wave 위원회를 만들었는데, 이 명칭이 사람들이 그 의미를
잘 이해하지 못해 좀더 포괄적이고 이해하기 쉬운 이름을 찾았다. 그때 캐나
다의 젊은 사회사업가 빌 다넬(*Bill Danell*)이 핵무기에 반대한다는 강한 의
지와 전 지구적인 관심을 결합시켜 가장 효과적으로 환경운동을 고무시킬

이러한 캠페인 이후 얼마 안 있어서, 그린피스는 고래잡이 반대 캠페인을 수행하였다. 그린피스의 시작부터 평화와 생태학은 중요하였다. 비록 그 단체가 처음에 캐나다에서 시작하였지만 출발부터 그 창설자들은 그들의 관심과 목표의 국제적인 규모를 강조하였고, 꽤 빠르게 그린피스는 미국과 유럽에 단체들을 창설하였다. 그것의 창설 이래로, 그린피스는 삶의 생태학적 망을 보호하는 관심 안에서 직접적인 행동으로 옮기는 환경적 로비 기구가 되어 왔다.

그것은 지구의 생태학적 다양성을 파괴하고 있는, 산업, 국가, 정치적 힘들의 넓은 범위들에 맞선 정치적인 운동이었다. 동시에, 그린피스는 몇 몇 종교적인 국면들을 가지고 있다. 그것의 이론은 신학적이며, 그것의 활동의 많은 것들은 의례적(ritualistic)이었다. 몇몇 창설 멤버들은 종교적, 명상적, 신비적 사상들과 실천들로 충만해 있었고, 영적, 종교적, 신학적, 신비적, 신화적 방식들 안에서 사건들을 해석하거나 서술하였다. 특히 초기 창설자들에게 있어서, 그린피스 활동들은 자신들을 지구 위에 모든 인간존재들의 의식을 변화시키는 데 목표를 둔 선교사나 십자군으로 이해하였다.

헌터는 그린피스 대원들이 산 정상에서 올라 돌무더기 기념비를 쌓는 행위는 하나의 신비적인 경험을 의미하는 것이라고 보았다. 그린피스는 초기 시대 활동들에 이러한 신비적이고 종교적인 의미를 부여함으로써 그 단체를 특징지었다. 헌터는 다음과 같이 말한다.

> 우리는 정상에 올랐고……거기에서 시간당 70마일의 바람이 불어 왔고, 우리는 돌기념비를 세웠다. 화산바위의 큰 덩어리를 움켜잡으면서, 우리는 평화의 상징과 생태학의 상징으로 그것들을 쌓아올렸다. 그것은 종교적인 종류의 경험들이었다. 적어도 그것은 종교로서 생각된 것의 뿌리로 연결되었고……경외의 정서……만약 거기에 그들이 몇몇

수 있도록 단어들을 멋지게 조합해 내어 만든 것이 그린피스이다. 이렇게 해서 그린피스가 탄생된 것이다." Brown, M., & May, J., Greenpeace, London: Greenpeace Communications Limited., 1989. pp.8-9.

148

신비적인 보편적인 힘의 부분처럼 느낄 수 있었을 때 어떤 사람의 삶 속에서 계속 남아 있는 하나의 순간이 있다면, 그것은 아쿠탄 산 위의 바람 안에서, 수소폭탄의 그림자 안에서의 그 순간이다.148)

평화와 생태학의 상징을 기념비를 쌓을 때 경험한 경외의 정서는 그들이 생태학 운동을 단지 사회운동 차원에서가 아니라 자신의 절대적 신념 차원에서 수행하였음을 보여준다. 그래서 스스로 그것을 '종교적인 종류의 경험들'이라고 규정했던 것이다. 그들이 비록 상식적인 차원의 종교제도 안에서 활동하는 것은 아니었지만, 이 시대의 환경위기를 구원론적인 과제로 상정하고 그 해결을 위해 헌신하였다는 점에서 종교적인 활동을 했다고 할 수 있을 것이다.

그린피스 운동에서의 가장 눈에 띄는 신화 혹은 전설은 무지개 전사의 신화이다. 헌터는 원시 인디언 신화의 모음집에서 그 이야기를 발견하였다. 그 신화는 2000년 동안 불의 눈들이라고 이름 붙인 한 크리족 여성에 의해서 만들어진 한 예언과 관련된다. 헌터는 다음과 같이 그 예언을 요약하였다.

불의 눈들은……새들이 하늘에서 떨어지고, 물고기들이 강물에서 독에 걸리고, 사슴들이 숲 속에서 그들의 자취를 감추고, 바다가 '검어지는' ―백인들의 탐욕과 기술 덕분에―한 때가 다가오고 있음을 보았다. 동시에 인디언 부족들은 거의 완전히 그들의 정신을 잃어버렸다. 그들은 그것을 다시금 발견하게 되었고 그들은 어떻게 지모신을 존경할 것인가를 백인들에게 가르치기 시작하였다. 무지개의 상징을 사용하면서, 세계의 모든 종족들은 함께 위대한 인디언 가르침을 널리 전파하고 성스러운 땅의 파괴와 탈신성화에 종지부를 찍기 위해 무지개의 전사들과 함께 연대하게 될 것이다.149)

---

148) Kinsley, D., 앞의 책. p.195.
149) Brown, M., & May, J., 앞의 책. p.12. recited(Willoya, W., & Brown, V.,

무지개 전사의 신화는 그린피스에게 두 가지 다른 중요한 모티브를 제공해 준다. 첫째로, 전사의 이미지는 탈신성화에 맞선 환경보호에서 직접적인 행동이 그 기구의 중심적인 목표라는 것을 암시한 것이다. 둘째로, 무지개처럼 다양한 색깔을 가진 특성은 그 기구의 다국가적이고 다종족적인 성격을 제공해 준다. 지모신이라는 공통되는 존재근거를 기반으로 세계의 모든 종족은 자신의 다양한 문화적 전통을 지니면서도 대지의 신성성을 수호하기 위해 모인 것이다. 비록 그 단체가 미국정부의 행동에 저항하는 캐나다 기구로서 시작했지만, 처음부터 그 강조점은 자연세계의 편에 서서 행동함으로써 인위적인 국가적 종족적 경계를 무너뜨리는 것을 필수적인 것으로 삼았다. 이 세계는 내적인 경계들을 가지고 있지 않다. 모든 사람들은 위협받은 세계에 함께 살고 있다. 그러므로 그린피스는 더 넓은 공동체의 보호를 위해 좁은 이득들을 버리고 행동하기를 추구하였다.

그린피스에게 있어서, 고래 구하기 캠페인은 그들의 지구적인 의식을 강조하는 환경 철학을 단적으로 보여주는 상징적인 의례들이다. 지구적 의식은 모든 살아있는 것들의 관련성을 확증하는 것을 포함한다. 그린피스는 '상호의존성의 선언'을 이렇게 표현한다:

> 생태학은 우리들에게 전체 지구는 우리 '몸'의 부분이며 우리는 그것을 우리가 우리자신을 존중하는 것처럼 그들을 존중해야 함을 배워야 한다는 것을 가르치고 있다. 우리가 우리 자신을 사랑하는 것처럼, 우리는 또한 지구적 체계—고래들, 바다표범들, 숲들, 그리고 바다들—안에서 모든 삶의 형식들을 사랑해야 한다. 생태학적 사상의 전율적인 아름다움은 그것이 우리들에게 만약 우리가 지구적 생태계의 전적인 몰락을 피하려고 한다면, 당위적인 것임을 이해하는 것으로 돌아갈 수 있는 길을 보여 준다는 것이다.[150]

Warriors of the Rainbow, 1962).
150) Kinsley, D., 앞의 책. p.199.

150

그린피스에게 이 지구의 전율적인 아름다움은 그 자체로 절대적인 신성이며 그러한 신성을 해치는 인간의 행위는 용납되지 못한 범죄행위다. 그들은 지구를 자신의 몸의 일부로 여기고 존중하고 사랑하라 말한다.151) 존중과 사랑은 지구의 개체적인 생명체들뿐만 아니라 지구 전체에게도 주어져야 한다. 그것이야말로 상호의존적인 세계의 본질을 실천적으로 구현하는 방식이기 때문이다.

한편 맥다니엘(MacDaniel)은 헌터가 추구한 이른바 녹색(Green)과 평화(Peace)를 결합한 녹화된 평화를 제창하였다. 그는 오늘날 기독교인들이 사람과 하나님, 그리고 그의 모든 창조물 사이에 평화를 제안하는 샬롬의 이미지를 취할 것을 요구받고 있다고 주장하였다.

> 우리는 여전히 더욱 생태학적으로 민감한, 녹화된 평화를 희망하기 시작하고 있다. 잘 알려진 환경기구의 이름을 빌려와서, 우리는 그것을 그린피스(Greenpeace, 녹색평화)라고 부를 것이다. 그린피스는 사람들, 동물들, 그리고 지구 가운데서 최고의 협력이 이루어짐으로 해서 모든 것이 번성하는 것을 말한다. 그린피스는 사람들을 위한 정의뿐만 아니

---

151) 우리는 뱅쿠버 수족관에서 여러 해 동안 고래를 연구했던 무지개 전사 폴 스퐁(Paul Spon)이 고래가 소리에 특히 민감한 반응을 보인다는 것을 발견하고 다음과 같이 보고한 내용에서 많은 영감을 얻을 수 있을 것이다. "고래와 놀이를 하는 과정에서, 나는 소리를 사용해 보았다. 그리고 고래들이 소리를 듣고 어떤 행동을 한다는 것을 발견했다. 소리로 신호를 보내면서, 종과 크리스탈 잔을 물 속에 집어넣었다. 그리고 두 개의 크리스탈 잔을 물 속에서 부드럽게 부딪쳐 아름다운 소리를 내 보았다. 그러면 고래들이 다가와서 이마로 그것들을 건드리며 지켜보기도 하고, 다른 각도에서 소리를 들어 보려는 듯 머리를 한쪽으로 흔들어 보곤 했다. 베토벤의 콘체르토 D장조를 고래에게 처음 들려주자, 고래는 그에 맞춰 머리와 꼬리를 물 밖으로 내밀며 몸을 활처럼 구부리더니 입에서 물분수를 뿜어냈다. 정확히 박자에 맞춰 가슴지느러미로 물 표면을 찰싹찰싹 치면서 소리를 내기도 했고, 물 위로 솟아올라 흔들기도 했다. 또 고리를 물 위로 내놓고 평화롭게 앞뒤로 움직이기도 했다. 아주 놀라운 일이었다. 그것은 영낙없는 춤이었다." Brown, M., & May, J., 앞의 책. p.35.

라 동물과 지구를 위한 정의도 포함한다.[152]

초기 그린피스 지도자들은 인간 존재들에게 그들의 충성심을 종족적, 국가적, 그리고 종의 정체성을 넘어서 확장하도록 요구한다. 인간의 남용으로 지구가 위험에 빠져 있기 때문에, 이런 위험을 극복하기 위해 작은 범주를 넘어서 지구라는 거시적인 차원에서 충성심을 발휘하여 나머지 작은 단위의 욕구를 극복해야 한다.

불의 눈들이라 불리는 크리족 여성에 의해 이야기된 무지개 전사의 신화는 용사들이 다른 이들에게 어머니 지구를 사랑하고 존경하는 법을 가르칠 것이라고 언급한다. 어머니 지구의 보호는 지속적으로 그린피스 철학 안에서 언급되어지는 동기이다. 더 나아가 그린피스는 그들의 신비적/철학적 자기이해를 표현하는 하나의 중심적인 원시 인디언 주제가 되고 있는 것을 강조하고 있다. 비록 생태철학에 관련된 것으로서의 '어머니 지구'라는 용어가 그린피스 문헌 속에는 쓰여 있지 않다 할지라도, 인간의 오만과 탐욕으로 남용된 희생자로서의 어머니 지구의 탄원은 지속되고 있다.

그린피스의 행동이 과격하다는 느낌을 받을지도 모른다. 그러나 우리는 어머니 지구의 탄식과 탄원에 공감할 수 있다면 이러한 행동을 쉽게 납득할 수 있을 것이다. 그린피스 회원들에게 있어서 환경운동은 단지 과학·기술적 처방이나 윤리적 가치의 문제를 넘어서 하나의 종교적인 운동이라고 할 수 있을 것이다. 실제적으로, 그들은 자신들을 무지개 전사나 십자군으로 묘사하였고, 그들의 저항운동 자체를 하나의 종교적인 조직(교단)으로 인식하였던 것이다.

---

152) MacDaniel, J. B., *With roots and wings: Christianity in an Age of Ecology and Dialogue*, New York: Orbis Books, 1995. pp.65-66.

2) 북친의 생태이상사회

북친(*Murray Bookchin*)은 사회생태론의 이론적 개척자이고, 대중 강연가이며, 사회생태운동가이다. 그의 사회생태운동은 1952년으로 거슬러 올라간다. 그는 상당히 이른 시기인 1956년 영국의 윈저스케일 사건 그리고 1963년 뉴욕 레어번스우드 핵발전소 사고를 계기로 현재까지 핵발전소 반대 운동에 가담하고 있다. 슈마허의 『작은 것이 아름답다』가 출간되기 이전인 1963년부터 대안 기술과 생태 기술에 관한 연구를 해오고 있다. 그의 대표적 저서로는 『생태사회를 향하여(1980)』, 『자유의 생태학(1982)』, 『인본주의(1984)』, 『탈빈곤의 무정부주의(1986)』, 『사회생태론의 철학(1995)』 등이 있다. 그는 사회문제를 초점에 두면서 생태적 위기를 극복하는 방안을 제시하고자 노력하였다.

> 마르크스주의는 인간에 의한 인간의 지배가 자연을 지배하기 위한 필요에서 등장했다고 믿지만 사실은 정반대이다. 오히려 인간에 의한 인간의 지배에서 자연에 대한 지배로 확대되었다. 인간은 이미 자신 이외의 모든 것을 지배하는데 익숙해져 있다. 예를 들어 포식과 경쟁으로 동물세계를 묘사하는 것도 사실은 인간의 지배 철학이 반영된 것이다.[153]

북친은 오늘날의 생태위기를 인간이 지닌 지배속성에서 찾고 있다. 다시 말해 자연에 대한 인간의 지배는 사회와 별개로 형성된 것이 아니라, 사회 속에서 발생하는 인간에 대한 인간의 지배가 자연의 영역으로 확장되어 적용된 것이다. 이런 관점에서 보면, 자연에 대한 인간의 지배 그 자체는 본질적으로 우선순위를 갖는다고 할 수 없게 된다. 그에 의하면 자연

---

153) 문순홍, 『생태학의 담론』, 서울: 생명총서, 1994. p.108.

종들의 관계는 지배 종속 관계가 아니라 불평등 관계이다. 당연하게도 사회 내 위계질서는 생물학적인 현상이 아니라 사회 제도적인 현상일 뿐이다. 이런 의미에서 위계질서의 사회적 성격이 더 근본적인 위상을 차지하며 그러한 위계질서를 정당화하는 차원에서 자연의 지배라는 개념이 나왔다고 볼 수 있다.154)

북친의 '사회생태론'은 두 가지 문제를 동시에 해결하려고 한다. 하나는 생태, 환경 문제이고, 다른 하나는 사회적 지배와 권력관계의 문제이다. '사회생태론'이란 용어가 함축하듯이, 그는 사회적인 지배 문제와 연관지어 생태문제를 해결하려 노력했다는 점에서 기존의 자연생태론(＝심층생태주의)이나 환경주의와는 구별된다. 북친의 사회생태론은 페터 크로포트킨의 아나키즘에 크게 영향을 받았다. 그러나 고전적 아나키즘과는 달리, 페미니즘적 이상과 공동체주의적 비전을 포함하는 '에코아나키즘(생태무정부주의)'의 영역에 속한다.

그가 심층생태주의와 자신의 입장을 구분하기 시작한 것은 1985년 무렵부터이다. 근대 기계적 세계관의 부정, 생태중심주의적 접근, 사회적 위계와 지배 관계의 철폐 등 사회생태론은 심층 생태론과 여러모로 유사점이 있다. 그러나 사회생태론은 자연과 사회의 일원성과 연속성을 주장한다. 원시적 자연 사회에서는 인간과 자연이 평등한 수평적 연대를 유지했다는 것이다. 아나키즘의 다원성과 다양성을 인정하는 범위 내에서의 평등을 생각한다.

사회생태론은 생태계 또는 생태계 위기의 중요성을 강조하지만, 그 중에서도 특히 사회적인 측면에 강조점을 두고 있다. '사회적'이라는 형용사를 생태학에 첨가함으로써 사회가 자연으로부터 분리될 수 없음을 강조한

---

154) "위계 조직은 사회 계급보다도 더 근본적이다. 지배하는 자연이란 생각은 인간 지배에서, 초기에는 가부장제적인 위계 조직 유형에서, 이후에는 계급과 국가주의적 유형에서 시작되었다고 주장한다. 결국 자연의 지배라는 개념은 인간의 인간에 대한 지배를 옹호하기 위해 나왔다는 것이다." 같은 책. p.110.

다. 그러므로 사회생태론은 비인간에서 인간을, 자연에서 사회를 도출하는 작업에서 불변의 법칙성을 찾고자 하지 않는다. 오히려 자연은 사회에 환경윤리, 즉 자기선택과 진화를 통한 자유와 개체성의 보장에 근거한 상이성과 참여의 원리를 제공해주며, 지배와 위계질서를 비교, 변경하는 패턴을 제공하고, 기존의 위계질서와 지배를 부정하도록 해준다. 따라서 사회생태론은 과정의 철학이며, 참여의 철학이라고 주장된다.

북친의 사회생태론적 유토피아는 얼핏 보면 로데릭 내쉬가 그려낸 '아름다운 정원 풍경'과 유사한 점이 많이 있어 보인다. 하지만 북친은 1974년의 책에서 미생물학자 르네 두보(Rène Dubos)를 최초의 사회생태론자로 기술하고 있다. 두보와 북친의 견해는 결코 같지 않지만, 지구에 거주하는 인간에 대한 견해는 놀랍도록 일치한다. 다만 북친은 생태학을 보다 근본적인 사회학적인 개념으로 이해한다. 19세기 러시아의 지리학자요, 유명한 아나키스트였던 크로포트킨의 주장과 마찬가지로 북친은 "우리는 현재의 억압적인 산업 자본주의의 세계를 반위계적 사회관계에 근거한, 탈중심적 －민주적 공동체로 변형시켜야 한다"155)고 주장한다.

물론 북친만이 이 과격한 생태무정부주의자(에코아나키스트) 크로프트킨에 의지해 있는 것은 아니다. 심층생태론자들을 포함해서 몇몇 이론가들 역시 크로포트킨의 공동체주의, 탈도시화, 산업의 탈중심화, 대안적 기술, 유기 농업, 성장의 억제, 새로운 자연주의적 감수성이라는 에코아나키스트의 이념을 받아들이고 있다. 하지만 북친의 사회생태론은 아주 의식적으로 에코아나키즘적 토대 위에서 '생태사회'를 위한 청사진을 제시한다. 그는 인간의 거주 환경이나, 지구의 자연생태계에 대한 관리, 보호, 보존의 이념은 나쁜 것은 아닐지라도 여전히 보수적이며, 인간중심적이라는 발상이라는 것이다.

---

155) 구승회, 『생태철학과 환경윤리』, 서울: 동국대학교출판부, 2001. p.161.

사회관계에 대한 생태학적 혁명이 선행되지 않으면 어떤 환경운동도 환경관리주의, 환경관리윤리에 불과하게 된다. 문제는 장기간의 지배와 억압적인 인간 정신과 체제인데, 그것은 인간의 인간에 대한, 그리고 인간의 자연에 대한 억압과 지배를 포함한다. 인간과 자연의 갈등은 인간과 인간 간의 갈등이 확대되어 발생한다. 생태운동이 모든 측면에서의 지배의 문제를 포괄하지 않는다면 우리 시대의 생태운동의 근원적인 원인을 제거하는데 '아무런' 기여도 하지 못할 것이다. 만약 생태운동이 단순히 오염 통제나 환경 보존을 위한 통제라는 개혁적 수준에 머문다면, 한마디로 보다 광범위한 혁명의 개념으로 다루지 않고, '환경주의'에 머문다면 자연적, 인간적 착취라는 기왕의 체제에 봉사하는 운동이 되고 말 것이다.156)

북친이 비판하는 것은 환경윤리가 아니라 '환경관리윤리'이다. 환경관리윤리는 환경의 활용과 이용에 관한 윤리로서, 환경에 대해 인간 중심의 공리주의 혹은 실용주의 관점에서 다루는 입장이다. 따라서 이런 환경관리윤리의 관점에서는 사회의 구조적인 지배관계와 같은 첨예한 문제는 간과되고 현상적인 환경질서를 보수적으로 활용하는 데 머물기 쉽다. 이런 측면을 북친이 비판한 것이다.157) 진정한 환경윤리를 형성하기 위해서는 인간

---

156) 같은 책. p.162.
157) "환경관리윤리란 환경의 활용과 이용에 관한 윤리를 말한다. 전통 윤리학은 인간의 이해관심만을 도덕적으로 문제 삼아 왔다. 그렇기 때문에 전통 윤리로서도 '환경의 활용에 관한 인간중심적 윤리'가 성립되는 것은 자명하다. 인간 중심적 환경관리윤리는 대체로 미래의 세대까지를 포함한 인간의 삶의 질이 증진될 수 있는 방향으로 환경이 이용되고 활용되어야 한다고 주장하는 태도이다. 그런 의미에서 오늘날 이른바 '환경윤리'라는 이름 하에 논의되고 있는 것은 사실은 환경관리윤리이다. 그러나 환경관리윤리를 확립하는 일이 상식적이고, 간단한 것이어서 별로 중요하지 않다는 주장을 펴려는 것은 아니다. 환경윤리는 인간 이외의 것에 대한 도덕적 기초를 인정할 것을 요구하는 반면에, 환경관리윤리는 가치의 범위를 인간의 삶과 이해에 국한시킨다. 이 사실을 인정할 때, 환경에 대한 진정한 의식이 시작된다. 이런 논점은 이미 많은 서양의 학자들이 유사하게 주장해 왔던 것이다." 같은 책. p.163.

의 이성적인 능력이 요망된다.158) 북친은 인간은 생태위기에 대한 책임을
인식할 줄 아는 이성적 존재이며, 바로 인간의 이성적 측면의 복원을 통해
생태위기를 극복할 수 있다고 주장하였다.

> 핵무기와 핵물질의 증가, 제3세계의 기근, 문화유산의 파괴, 생물-생태
> 계의 회복 불가능한 오염, 이 냉혹한 현실에 직면하여 대중은 이성주의
> 를 버리고, 쉽게 염세적인 감각주의로 침잠하였으며, 자연-물리적 힘
> 에 의거한 대중의 삶은 신비적, 유사-신비적인 신념의 배후로 숨어들
> 게 되었다. 그리하여 개인은 점점 더 사소한 한 마리 풀벌레인양 취급
> 된다. 하이데거의 현대비판은 반세기가 채 지나기도 전에 거꾸로 '상식
> 적인 이성의 자기 확신'을 호소해야 할 지경에 이르렀다. 생태계, 환경
> 의 위기는 인간의 자존심의 위기를 극복할 때 비로소 해결 가능한 문
> 제가 될 것이다. 호르크하이머는 계몽이 인간을 마법에서 풀려나게 했
> 지만, 계몽된 이성의 활용은 인간을 다시 야만적인 신화에로 되돌려 놓
> 았다고 비판한 적이 있다. 그러나 지금은 오히려 이성의 재 마법화가
> 필요한 시대이다. 그러나 휴머니즘의 힘은 명백히 자유의 확대로서 공
> 적인 도덕성을 진보시켜 왔다. 사적인 도덕이 증진되지 않았다 하더라
> 도, 미니마 모랄리아(minima moralia)로서의 정직과 신뢰에 기초해서
> 이웃, 마을, 공동체 내의 친밀한 삶의 방식을 강화해 왔다. 하버마스(J.
> Habermas)가 지적하듯이 근대의 합리적 세계관은 여러 부정적인 결과

---

158) 인류 문명의 생태적 '위기상황'은 인간이라는 종의 창조적인 능력에 대한 '창
백한 불신' 때문이라고 북친은 주장하였다. "사실 '현대성 비판'이라는 이름 하
에 많은 위대한 철학자들의 이성에 대한 히스테리적인 불신은 인간의 자존심을
퇴보시켰고, 인간성과 인간 이외의 세계를 풍요롭게 하는 도덕적으로 의미 있
는 삶을 창조하는 인간의 능력을 퇴화시켰다. 그런 의미에서 환경문제는 인간
의 자존심이라 할 이런 도덕적 능력을 빼앗아 버린 데 그 원인이 있다고 하겠
다. 그러나 인간정신은 역사를 통하여 단 한번도 '인간의 이념'에 대한 희망을
포기한 적이 없었다. 이 희망은 도덕적, 사회적 인간성 회복이 가능하리라는
믿음이다. 종으로서의 인간이 보다 나은 도덕적, 사회적 이법(logos)을 성취할
것이라는 믿음을 간직하고 있었던 사람들에게 급속한 탈도덕의 시대인 오늘의
인간 조건이야말로 '참담한 현실적인 위기'가 아닐 수 없다." 같은 책. p.164.

에도 불구하고, 그 긍정적인 부분은 결코 포기될 수 없다.159)

북친은 비록 근대합리론의 부정적인 결과를 인정하면서도 인간 이성에 기반 한 휴머니즘의 힘에 의지한다. 이러한 면에서는 그는 이성보다는 감성을 중시하는 낭만주의자들과 대비되는 듯이 보인다. 하지만 그가 말하는 합리성은 개념적, 분석적 사유 능력이라기보다 협동과 감정 이입, 생명권에 대한 책임감, 그리고 공동체와 연대라는 새로운 개념을 포괄한다. 인간과 인간 외 생명 대부분의 생존을 위협하는 오늘날의 약탈적 사회는 이러한 실존적 형태의 이성이 인도하는 사회로 대체되어만 한다. 북친이 제시하고자 하는 비전은 바로 이러한 '사회비판적 세계관으로서의 에코아나키즘'이다. 그는 현상유지와 타협하지 않고, 모든 것을 포함하는 초자연적 '우주'를 향한 인간의 자기 말살을 바탕으로 구성된 반 인간주의에 반대하는 것만큼이나 자기 확장과 약탈에 근거하여 구성된 휴머니즘에 대해서도 반대한다. 인간은 세계에 의미와 이유를 부여하는 능력을 가지고 있다는 점에서 다른 생명체와 근본적으로 차이가 있지만, 또 한편으로 인간은 바로 이 비범한 능력 때문에 인간 외 존재와 지구 전체에 대해 확고한 책임감을 지녀야 하는 것이다. 북친은 지나치게 낙천적인 박애주의나 혐오스러운 염세주의에 근거하지 않고 이 두 가지 편향된 견해를 모두 초월하는 새로운 견해를 개진하고자 한다. 천사 같은 인간과 악마 같은 인간이라는 이원론을 지양하고, 한편으로는 인간과 인간 외 생명과의 유사성을, 또 한편으로는 인간 자신의 특수한 요구를 정당하게 강조하는 세계관이 있을 수 있다고 생각한다.

북친은 생명 중심주의나 인간중심주의 중에서 어느 한 극단을 선택하게끔 강요당하는 상황에 적응하기보다는 양 극단이 만드는 공백을 '상보성의 윤리학'에 기초한 새로운 휴머니즘에 의해 채우려 노력한다. 인간 조건에 대해 좌절하고 분노하는 데에는 그럴만한 까닭이 있을 테지만, 그렇다고 휴

---

159) 같은 책. p.165.

머니티를 격하하거나, 하물며 인간의 고유한 이성 능력을 '악마적인 것'으로 치부하는 것은 도저히 용납할 수 없는 일이다. 그는 인류가 엄청난 역경을 딛고 이룩한 업적을 생각할 때, 세계 속에서 발생하는 모든 문제를 처리할 수 있는 인간의 이성에 대해 불신할 필요가 없다고 믿고 있다.

사회가 붕괴되고 지성이 파편화된 시대에는 절충주의와 이데올로기적인 변덕스러움(faddism)이 논리적인 사고 자체에 심각한 영향을 준다. 사회가 부패하는 초기에는 비록 이와 같은 이데올로기적인 타락이 등장한다 할지라도, 유기적인 것과 전일적인 것, 발전적인 것을 강조하는 생태적 사고가 시대적 파편화 경향에 저항할 수 있는 이념적인 영역을 제공해줄 수 있을 것이라 기대했다. 그러나 불행스럽게도 이러한 희망은 현실화되지 못하고 있다. 사실 현대의 생태 철학자들은 대다수가 절충주의와 기회주의적인 경향에 대항하지 못하고 있으며, 오히려 이러한 경향을 더욱 강화시키고 있다.

1980년 후반 북친과 심층생태학자 간에 발생했던 격렬한 논쟁은 아주 유명하다. 근본생태주의자들은 북친의 입장을 인간중심주의라고 비난하면서, 그의 견해는 '인간이 고등한 생명체'라는 견해를 견지하고 있다고 비난했다. 반면 북친은 근본생태주의를 인간혐오의 공격적인 철학이라고 비난했다.

심층생태학에 대한 북친의 비판은 모든 생명체에 동등한 도덕적 가치를 부여하는 생명 중심윤리나 생태중심윤리 모두에 적용된다. 이 논쟁에서 북친은 몇몇 심층생태학자들과 Earth First!의 구성원들에게 비판의 초점을 맞췄다. 그에 따르면, 이들의 견해는 기아나 에이즈가 인구과잉과 생태 파괴에 대한 자연의 복수라는 것을 함의한다. 그리고 이것은 에티오피아나 소말리아와 같은 나라에서 굶고 있는 아이들을 수용 능력과 인구 동학에 관한 생태적 법칙의 이름 아래 내버려둬야 한다는 것을 함축한다. 북친은 생명 중심철학에서 곧바로 이러한 함의들이 도출된다고 강력히 비판하였다. 심층생태학의 생명 중심원리가 인간이 레밍이라는 다람쥐와 본질적 가치와 도덕적 중요성에서 별 차이가 없다는 보는 것이라면, 그리고 인간이 다른 종과 마찬가지로 자연의 법칙에 종속된 존재라고 보는 것이라면, 이러한 극단적 주장이 심층생태학의 철학에서 논리적으로 도출되는 것이라고 북친은 간파하였다.

북친은 생명 중심주의의 원리가 가진 또 한 가지 문제점은 모든 인간을 생태파괴에 똑같이 책임 있는 것으로 보는 것이라고 주장하였다. 환경파괴의 원인이 인간중심주의에 귀속되고, 대안으로서 생명 중심적 윤리가 제시된다. 그러나 북친은 '인류'가 문제의 원인이며, 인류가 자연계를 파괴하였다는 견해를 거부하였다. 북친은 누구로부터 생명계를 보호해야 할지에 대해 물어 보아야 한다고 반문하였다. 인류로부터? 인간 종으로부터? 사람들로부터? 아니면 위계적 사회관계를 가진 특정 사회와 특정 문화로부터? 북친은 할렘의 흑인 아이가 액손의 사장과 환경 위기에 똑같은 책임이 있다고 말하는 것은 죄인은 올가미에서 풀어 주고, 엉뚱한 사람에게 죄를 뒤집어씌우는 것이라고 비판하였다.

여기서 우리는 심층생태학과 생명 중심주의에 대한 도전으로서 북친 철학의 핵심적 통찰을 엿볼 수 있다. 생태위기의 원인을 이해하기 위해서는 사회가 어떻게 조직되는가를 살펴볼 필요가 있다. 사회는 인간의 창조물이며, 어떤 사회 형태들은 인간으로 하여금 자연을 지배하고 파괴하도록 조장하는 태도를 야기한다. 그러나 사회는 인간의 창조물이기 때문에, 인간은 사회를 변화시킬 수 있다. 북친은 인간의 결정과 가치가 환경 파괴의 중요 원인이기도 하지만, 그것은 또한 환경문제 해결에서 중요한 역할을 할 수 있다는 점을 상기시켜 준다.

결론적으로, 북친의 사회생태론의 목적은 이상적인 생태공동체를 형성하는데 있다는 하겠다. 북친이 바라는 이상적인 생태공동체란 억압과 지배구조가 사라진 자유롭고 평화로운 공동체를 말한다. 이는 인간에 의한 인간의 지배, 인간에 의한 자연의 지배, 역으로 자연에 의한 인간의 지배가 없는, 그야말로 자유롭게 평화 공존하는 공동체를 말하는 것이다. 이와 같이 북친이 그리고 있는 이상적인 생태공동체는 종교에서 말하는 유토피아,

즉 낙원의 세계라고 할 수 있을 것이다. 바로 이 점에서 요아힘 바하가 제시한 종교경험의 공동체적 요소를 발견할 수 있을 것이다.

우리는 앞에서 하나의 '종교적 현상'이라고 말할 수 있는 현대 환경의 특성과 종교가 또한 어떻게 환경의 옷을 입고 새롭게 등장하고 있는가를 살펴보았다. 이번 장에서 오늘날 환경문제를 새로운 각도에서 조명해 보았다. 그렇다고 해서 기존의 연구업적들을 결코 폄하하려는 것은 아니다. 심지어 오늘날 환경파괴의 주범으로 지탄받고 있는 근대 계몽주의의 인간중심적인 기계적 세계관에서조차도 우리는 인간의 생존을 향한 피나는 노력들을 가벼이 넘어가서는 안 될 것이다. 인류는 자연 안에서 보잘 것 없는 존재였으며, 자연의 엄청난 힘 앞에서 너무나 나약한 존재였다. 과학과 기술의 역사는 인류의 생존의 역사요 휴머니즘의 역사라고 할 수 있을 것이다. 인류는 과학과 기술의 힘을 통해서 비로소 자연의 광폭한 힘으로부터 진정한 자유를 누릴 수 있었던 것이다. 이제는 과학과 기술의 힘이 인류의 생존의 차원을 넘어서 자연의 생존을 위협하는 수준으로까지 커짐으로 해서 이에 대한 반성작용으로 윤리적이고 종교적인 반추가 있었던 것이다.

우리는 낭만주의 문학가들의 자연과의 교감, 소로와 뮈어의 자연과의 직접적인 접촉, 동물해방론자들의 고통을 느낄 수 있는 존재에 대한 예우, 레오폴드의 대지윤리에서의 모든 생태계 전체에로의 인간의 윤리의식의 확장에 대한 강조, 심층생태론자들의 생태계 공동체의 건강성에 대한 염려, 힌두교의 푸루샤의 창조설화에 나타난 유기체적이고 일원론적 우주관, 불교의 아힘사에 나타난 생명외경사상, 유교의 음양 오행론이나 풍수사상에 기반 한 산수화에 나타난 자연과의 조화로운 삶에 대한 중시, 기독교의 성 프란치스코의 생태민주주의사상과 현대 창조신학자들의 청지기직으로서의 인간의 역할에 대한 강조와 같은 목소리들에도 귀 기울여야 할 것이다. 이 모든 것에 덧붙여서, 우리는 또한 인류의 초미의 관심사로 대두되고 있는 환경이라는 새로운 옷으로 갈아입고 새롭게 등장하고 있는 종교의 역동적인 힘을 새삼 실감할 수 있을 것이다.

제5장 결 론

우리는 지금까지 기존의 환경논의들을 크게 과학·기술적 연구에 기초한 윤리적 접근방법, 종교적 접근방법으로 범주화하여 설명하였고, 이러한 기존의 연구방식과 차별화되는 이른바 '종교학적' 방법론에 비추어서 현대 환경윤리의 종교학적 의미를 고찰하였다. 현대의 생태위기라는 실존적 상황에서 새로운 구원의 모색이 종교적인 성격의 환경논의를 통해 추구되고 있음을 확인할 수 있었다. 그러한 현상에 대한 종교학적인 고찰은 우리 시대의 현실에 대한 학문적 분석이면서 동시에 새로운 삶의 가능성에 대한 실천적 모색이 되리라 본다. 이제 본문의 개요를 간단하게 정리하고 이 책의 학문적 의의에 대해 언급하고자 한다.

Ⅰ. 본문 개요:

첫째, 과학·기술적 연구에 기초한 윤리적 접근방법은 현대의 환경파괴 문제를 자연과학적인 측면보다는 인간의 자연에 대한 태도 혹은 가치관에 더욱 중점을 두고 접근하는 방식을 말한다. 이런 접근의 학자들은 환경 파괴의 원인으로 근대 계몽주의의 기계적 자연관을 지목한다. 기계적 자연관은 데카르트에 의해 정초되었고 뉴턴에 의해 완성된 사상으로서, 자연을 살아있는 유기체나 신성이 깃들어 있는 존재로 보는 것이 아니라 죽어있는 기계나 도구로 파악하였다. 기계나 도구로 파악하는 기계적 자연관은 인간이 자연을 착취하고 지배하는 태도를 정당화하였다. 이에 대한 반발로 낭만주의 사상가들은 자연을 살아있는 유기체(有機體)로 보면서 "있는 그대로" 느끼고 동화하려 했다. 낭만주의 자연관은 경제적 단순성과 생태학적 감성을 강조한 소로(*Henry David Thoreau*)나 미국 국립공원 제정에 큰 공헌을 한 뮤어(*John Muir*)같은 미국 초월주의자들의 자연관에도 깊은 영향을 주었다. 한편 솔트(*Henry Salt*)나 싱어(*Peter Singer*)와 같은 동물권리

보호자들은 인간의 윤리의식을 인간 종족을 넘어서 동물에게로 확장해야 한다고 주장하였다. 더 나아가 현대 환경윤리학의 아버지라 불리고 있는 레오폴드는 인간의 윤리의식을 동물뿐만 아니라 생태계 전체에까지 확대할 것을 요청하였다. 그는 전체 생태계를 하나의 대지에 의존하며 상호 연관되어 있는 존재로 바라보아야 한다는 대지윤리를 제시하였다. 특히 로데릭 내쉬(*Roderick Nash*)는 '대지윤리'를 기반으로 인간 자아에서 생태계 전체로 진화해 가고 있는 인간 윤리의식의 진화과정을 설명하기도 하였다. 이런 맥락에서 심층생태학자들은 인간의 윤리의식을 전체 생태계로까지 확장해야 할 것은 물론이거니와, 모든 개체들은 생태계 전체의 생존과 이익에 기여하는 방향으로 나가야 할 것을 주장하였다. 이런 입장은 자칫 전체 생태계를 중시하면서 인간혐오주의에 빠질 위험이 있다.

둘째로, 종교적 접근방법은 환경윤리의 확대를 넘어서 인간의 근본적인 종교관습으로부터의 생태학적 혁명이 필요하다고 주장한다. 린 화이트 (*Lynn White*)는 현대 생태위기의 배후에 기독교의 정복주의적인 자연관이 있으며, 종교적인 습관적 생활태도의 근본적인 변화에 의해서만 문제가 해결될 수 있다고 지적하였다. 그래서 이런 입장의 학자들은 종교와 환경의 연관성을 중시하면서 생태 중심적 사고방식을 고양시킬 수 있는 생태학적 가치들을 종교 전통에서 찾고자 노력하였다. 예를 들어 힌두교의 경우, 푸루샤의 창조설화는 각 부분들이 서로 밀접하게 전체의 삶과 연관된 하나의 살아있는 유기체로 보는 일원론적인 우주관을 그리고 있다. 불교의 경우, 아힘사(不殺生) 정신은 생명에 대한 외경사상을 보여주며 윤회사상은 모든 존재들의 상호연관성을 중시한다. 유교의 경우, 음양오행사상은 역동적이고 상보적이며 살아있는 유기체로서 우주를 그리고 풍수사상과 산수화는 조화와 관계성을 중시하는 자연관을 표현한다. 하지만 동양 종교 전통 안에 긍정적인 생태학적 가치만 있는 것은 아니며, 각기 소 숭배사상·방생(放生)·장묘문화 등은 부정적인 환경요소가 될 수 있다. 기독교의 경우, 화이트의 기독교 비판으로 인해 촉발된 기독교와 생태학적 논쟁에서 주로 기독교는 현대 환경파괴문제에 커다란 책임을 지고 있으며 심지어는 주범으로까지 몰리기도 하였다. 서구 기독교는 지배적이고 정복자적인 자연관을 가지고 있으며 자연에서 신성을 박탈함으로써 자연에 대한 착취를 조장하였다는 것이다. 하지만 기독교 안에서 생태학적 전통이 성 프란치스코로부터 현대의 창조신학자에 이르기까지 전승되고 있다. 성 프란치스코의 생태학적 민주주의 사상이나 창조신학자들이 강조하는 청지기로서의 인간 역할 등은 기독교 전통 안에서도 긍정적인 생태학적 가치들을 발견할 수 있음을 보여준다.

셋째, 현대 환경윤리를 종교학적으로 고찰함으로써 '환경' 자체가 이 시대의 절대적인 지위에 이르렀으며 그 환경윤리가 종교적 요소로 구성되어 있음을 보여줄 수 있었다. 기존의 연구는 환경문제의 해결 방법에 주목하였다면, 종교학적 고찰은 종교로서의 환경이라는 상황이 갖는 종교학적인 의미를 탐구한다. 이를 위해 종교학자 요아힘 바하(*Joachim Wach*)가 제시한 종교경험의 세 가지 표현방식, 즉 신화적 표현, 제의적 표현, 공동체적 표현에 비추어서 접근하고자 한다. 신화적 요소의 경우, 제임스 러브록(*James Lovelock*)은 고대 그리스의 여신의 이름을 따서 자신의 학설을 '가이아 가설'이라고 명명하였다. 지구는 대지의 여신인 '가이아(GAIA)'이며, 따라서 지구는 하나의 살아있는 존재이며 지구환경을 자신의 생존을 위해 주체적으로 변화시켜나가는 능동적인 존재이다. 샐리 맥패그(*Sallie MacFague*)는 지구를 하나님의 몸으로 인식하고 지구에 대한 폭력을 하나님의 몸에 대한 폭력과 동일시하였다. 제의적 요소의 경우, 미국의 생태시인 게리 스나이더(*Gary Snyder*)는 생태계의 먹이사슬 관계를 서로에게 생명을 나눠주는 성만찬 행위로 인식하였다. 공동체적 요소의 경우, 그린피스는 자신들을 환경의 십자군 혹은 선교사라 칭하고, 그들의 환경보호운동은 하나의 종교적 의식 행위라고 주장한다. 그들은 특히 퀘이커교도들의 침묵의 예배의식에 따라

침묵시위운동을 개발해 내기도 하였다. 또 다른 한편 머레이 북친(*Murray Bookchin*)의 사회생태론은 하나의 생태적 이상사회건설을 꿈꾸고 있다. 북친은 인간 간의 불평등이 존재하는 사회가 인간과 자연 간에도 불평등한 관계를 가져온다는 보고 인간 간의 불평등한 관계를 없애는 것이 생태위기 극복의 열쇠라고 주장하였다. 이와 같은 종교학적 고찰을 통해서 우리는 이 시대의 생태문제에서 초래되는 실존적 위기를 극복하려는 새로운 구원의 방식을 확인할 수 있다.

Ⅱ. 이 책의 학문적 의의:

첫째, 이 책의 일반적인 의의는 환경문제에 있어서 종교학적 접근 방법을 시도하고 있다는 사실 자체에 있다. '종교와 생태학'이라는 주제를 가지고 나온 환경논의들은 그 동안 많이 있어 왔다. 이들 대부분은 종교 안에서 생태학적 가치들을 찾아내어 환경문제를 해결하기 위한 하나의 대안으로 제시하는데 중점을 두었다. 그러나 이 책에서 추구하고 있는 종교학적 접근방법은 이들과는 엄연한 차별화를 두고 있다. 이 책은 오늘날의 환경을 하나의 종교적인 현상으로 규정하고, 이러한 현상이 종교학도들에게 던져 주고 있는 메시지가 무엇인지를 고찰하고자 하였다. 다시 말해 일종의 메타적인 학문비판의 성격을 함유하고 있다고 할 수 있다. 이 책에서 추구하는 종교학적 접근방법은 비록 아직은 시론적인 상태에 머물고 있지만 그러한 시도 자체가 새로운 연구지평을 개척하는 의의를 갖는다고 할 수 있다.

둘째, 이 책의 종교학적인 고찰은 기존의 종교학 연구방법에 대한 반성과 함께 생태학적인 인식의 지평을 촉구하고 있다. 지금까지 종교학의 역사를 살펴보면, 종교학의 태동기에서부터 시작하여 작금에 이르기까지 종교학은 인류의 종교적 유산의 탐구에 심혈을 기울여 왔다. 인간의 종교적 요인들, 인간과 신의 관계성 문제, 인간의 구원문제 등 온통 인간적 문제

에만 천착해 온 것이 사실이다. 심지어 최근 종교학의 화두라고까지 말할
수 있는 종교 간의 대화문제, 종교다원주의 논의조차도 기껏해야 인간중심
의 종교 문제에 머물고 있는 것이 사실이다. 과거의 종교학적 지평은 인간
의 테두리를 벗어나지 못하였다. 이제는 인간만이 아니라 생태계 전체의
구원을 의식하는 새로운 종교학적 지평이 개척되어야 할 것이다. 이러한
문제의식에 부합하고자 한 이 책의 시도가 조금이나마 도움이 되기를 바
란다.

[참고문헌]

국내 서적

강성경, 『환경윤리와 원불교 은사상』, 전북 익산: 원불교출판사, 2001.

강재규, 『자연과 인간의 공생을 위한 환경사상』, 경기 일산: 도서출판 지산, 2001.

계명대학교 철학 연구소, 『인간과 자연』, 서울: 서광사, 1995.

과학아이, 『끈질긴 환경운동 이야기』, 서울: 두산동아, 2000.

구경국, 『그리스도교 환경 윤리』, 서울: 가톨릭대학교출판부, 2000.

구승회, 『생태철학과 환경윤리』, 서울: 동국대학교출판부, 2001.

권오상, 『환경경제학』, 서울: 박영사, 1999.

권진혁, 『환경의 위기와 미래과학』, 서울: 생능출판사, 1987.

김경복, 『한국 아나키즘시와 생태학적 유토피아』, 서울: 도서출판 다운샘, 1999.

김균진, 『생태계의 위기와 신학』, 서울: 대한기독교서회, 1999.

김도종, 『환경과 철학』, 전북 익산: 원광대학교출판국, 2000.

김재영 외, 『환경정치와 환경정책』, 서울: 삼우사, 1996.

김재희, 『깨어나는 여신─에코페미니즘과 생태문명의 비전』, 서울: 정신세계사, 2000.

김정욱, 『환경위기와 생존대안』, 서울: 푸른미디어, 2000.

김정호, 『환경학 개론』, 서울: 문지사, 1997.

김종달, 『지구온난화 문제와 에너지 혁명』, 서울: 형설출판사, 1999.

김종서 외, 『종교와 과학』, 서울: 아카넷, 2000.

168

김종서, "생태윤리와 종교의 미래", 서울: 한국종교협의회 편, 『宗協』 2001.

김 진, 『칸트와 생태주의적 사유』, 서울: UUP, 1998.

김창모, 『동양철학과 기독교의 자연·환경사상』, 서울: 장로회신학대학출판부, 1996.

--------, 『창조신앙과 생태학』, 서울: 설우사, 1987.

대한과학진흥회, 『환경과 생명의 신비』, 서울: 효성사, 2000.

문금록, 「생태위기의 극복과 보전을 위한 기독교 윤리적 접근」, 호남신학대학 대학원, 2003. 1.

문순홍, 『생태위기와 녹색의 대안』, 서울: 도서출판 나라사랑, 1992.

--------, 『생태학의 담론』, 서울: 생명총서, 1989.

문재화, 「기독교 생태윤리의 방향성에 관한 연구」, 장로교신학대학 대학원, 2000. 7.

문태훈, 『환경정책론』, 서울: 형설출판사, 1997.

민성기, 「창조질서의 보전으로서의 평화: Assisi의 Francesco사상을 중심으로」, 가톨릭대학 대학원, 1990. 11.

박경환·서광석, 『21세기를 위한 인간과 환경』, 서울: 도서출판 대학서림, 1999.

박근형, 「생태계 파괴에 대한 신학적 조명」, 장로회신학대학 대학원, 1992. 12.

박용경, 「생태계 위기에 대한 기독교 윤리학적 연구」, 장로회신학대학 대학원, 1993. 12.

박이문, 『문명의 미래와 생태학적 세계관』, 서울: 도서출판 당대, 1998.

박종철, 「생태계 위기와 도가 자연관에 대한 기독교 생태윤리학적 연구」, 장로회신학대학 대학원, 2002. 2.

박현웅, 「기독교 환경윤리와 실천방안」, 숭실대학교 기독교교육학대학원, 2002. 6.

박희병, 『한국의 생태사상』, 서울: 도서출판 돌베개, 1999.

방지형,『교회와 환경윤리』, 서울: 쿰란출판사, 1994.

배수원 엮음,『환경상식』, 서울: 청솔, 2001.

백우현 · 서무룡,『인간과 환경』, 서울: 탐구당, 1992.

법 륜,『불교와 환경』, 서울: 정토출판, 1998.

서규선 · 문종길 편저,『환경윤리와 환경윤리 교육』, 서울: 인간사랑, 2001.

시민환경연구소 엮음,『환경의 이해』, 서울: 환경운동연합출판부, 1993.

신덕룡,『환경위기와 생태학적 상상력』, 서울: 실천문학사, 1999.

안경전,『증산도의 진리』, 서울: 대원출판사, 2002.

안광일,『환경관리론』, 서울: 도서출판 대명, 1996.

이경희 · 이재곤 · 정상기,『생물다양성의 환경법적 보호』, 서울: 길안사, 1998.

이수정,「생태학적 위기상황 극복을 위한 생태신학의 책임모색」, 한일장신대학
     대학원, 2001. 12.

이윤재,『환경 휴머니즘과 새로운 사회』, 서울: 소나무, 1994.

이정배 편저,『생태학과 신학-생태학적 정의를 향하여』, 서울: 종로서적, 1989.

인디컴 기획, 김소희 글,『생명시대-지구생태이야기』, 서울: 도서출판 학고재,
     1999.

장회익 외,『생태적 삶을 추구하는 영성』, 서울: 내일을 여는 책, 2000.

전경수,『환경친화의 인류학』, 서울: 일조각, 1997.

전헌호,『자연환경, 인간환경』, 서울: 성바오로출판사, 1998.

정문식 · 이기영,『환경과학』, 서울: 도서출판 신광, 1997.

정용화,「창조보존에 관한 기독교 윤리학적 연구」, 장로회신학대학 대학원,
     1994. 12.

정정호,『팽팽한 밧줄 위에서 느린 춤을-생태학적 탈근대론과 21세기 문화윤
     리학』, 서울: 도서출판 동인, 2000.

정홍규, 『지구안의 사람, 사람안의 지구』, 서울: 가톨릭신문사, 1997.

조성구, 「생태계 위기극복 방안으로서의 생명운동모색」, 영남신학대학 대학원, 2002. 11.

조용훈, 『동서양의 자연관과 기독교 환경윤리』, 서울: 대한기독교서회, 2002.

청정국토만들기운동본부, 『불교와 환경보존』, 서울: 아름다운 세상, 2001.

최영길, 『성서의 녹색언어』, 서울: 가톨릭출판사, 1999.

최종덕, 『함께하는 환경 철학』, 서울: 동연, 2000.

최형선, 『생태학 이야기』, 서울: 현암사, 1999.

하늘 · 땅 · 물 · 벗, 『녹색 성서』, 서울: 가톨릭 출판사, 1998.

한국법제연구원, 『환경정의의 학제적 고찰』, 서울: 한국법제연구원, 2000.

한국불교환경교육원, 『동양사상과 환경문제』, 서울: 도서출판 모색, 1997.

한국하이데거학회, 『하이데거와 자연, 환경, 생명』, 서울: 철학과 현실사, 2000.

허광 · 이동희, 『인간과 자연-환경 그리고 생태(환경윤리)』, 서울: 동일출판사, 2000.

호남신학대학교 편, 『생태학과 기독교 신학의 미래』, 서울: 한울출판사, 1999.

국외 서적

Bacon, F., *Novum Organum*, USA via Bestun Korea Agency, Korea: Encyclopaedia Britannica, Inc., 1990: 프랜시스 베이컨, 진석용, 『신기관-자연의 해석과 인간의 자연 지배에 관한 잠언』, 서울: 한길사, 1976.

Barbour, I. G., *Issues in Science and Religion*, New Jersey: Prentice-Hall, 1966.

----------, *Earth Might Be Fair-Reflections on Ethics, Religion and Ecology*, New

Jersey: Prentice-Hall, 1972.

Birch, C., *Regaining Compassion-For Humanity and Nature*, Missouri: Chalice Press. 1993.

Boff, L., *Cry Of the Earth, Cry of the Poor*, New York: Orbis Books, 1997.

------- *Ecology & Liberation*, New York: Orbis Books, 1995.

------ *Ecologia Mundialização Espiritualidade-A Emergência de um novo Paradigma*, Rio de Janeiro: Editora Atica, 1993: 레오나르도 보프, 김항섭, 『생태 신학』, 서울: 가톨릭출판사, 1996.

Bookchin, M., *The Philosophy of Social Ecology*, Montreal: Black Rose Books, 1995: 머레이 북친, 문순홍, 『사회 생태론의 철학』, 서울: 도서출판 솔, 1997.

Boulding, K. E., *The No-Growth Society*, 1974: 볼딩 외, 박동순, 『제로 성장 사회』, 서울: 삼성문화문고 58, 1975.

Boyle, S., & Ardill, J., *The Greenhouse Effect*, London: A. M. Heath & Company Ltd., 1989: 보일·아딜, 김영일, 『지구의 마지막 선택』, 서울: 동아출판사, 1991.

Brown, M., & May, J., *Greenpeace*, London: Greenpeace Communications Limited., 1989.

Callicott, J. B., *In Defense of the Land Ethic: Essays in Environmental Philosophy*, New York: The State University of New York Press, 1989.

Carson, D. A., & Woodbridge, J. D., *God & Culture*, New York: WmB Eerdmans Publishing Co., 1993: D. A. 카슨·존 D. 우드브리지, 박희석, 『하나님과 문화』, 서울: 크리스챤다이제스트, 2001.

Celano, T., *Vita prima S. Francis*, etd., Quaracci, Ad Claras Aquas: Florentiae-Quaracchi Collegii St. Bonaventurae, 1926: 토마스 첼라노, 성 프란치스코 한국관구, 『아씨시의 성 프란치스코의 생애』, 경북 왜관: 분도출판사,

2000.

Clinebell, H., *Ecotherapy-Healing Ourselves, Healing the Earth*, New York: Augsburg Fortress, 1996: 하워드 클라인벨, 오성춘 · 김의식, 『생태요법: 인간치유와 자연치유』, 서울: 한국장로교출판사, 1998.

Clark, J., *Renewing the Earth: The Promise of Social Ecology*, London: London Green Print, 1990.

Cobb, J. B. Jr., *Sustainability: Economics, Ecology, And Justice*, New York: Orbis Books, 1992.

Cohen, M. J., *How Nature Works*, Maine: Cobblesmith, 1988: 마이클 J. 코헨, 윤규상, 『우리는 너무 오래 숲을 떠나 있었다』, 서울: 도서출판 도솔, 2001.

Conlon, J., *Geo_Justice-A Preferential Option for the Earth*, Canada, Winfield: Wood Lake Books Inc., 1990: 제임스 콜론, 정홍규, 『지구정의-우리 시대를 위한 지구이야기』, 경북 왜관: 분도출판사, 1994.

Copleston, F., *A History of Philosophy*, Westminster, Maryland: The Newman Press, 1962: 코플스톤, 박영도, 『중세철학사』, 서울: 서광사, 1989.

Cox, H., *The Secular City*, New York: Macmillan Company, 1965.

Crosby, A. W., *Ecological Imperialism*, Cambridge: Cambridge University Press, 1986: 엘프리드 W. 크로스비, 안효상 · 정범진, 『생태제국주의』, 서울: 지식의 풍경, 2001.

Cummings, C., *Eco-Spirituality*, New Jersey: Paulist Press, 1991: 찰스 커밍스, 정홍규, 『환경 신학』, 서울: 성바오로 출판사, 1999.

Des Cartes, R., *Meditationes de Prima Philosophia*, Amsterdam: Apud Ludovicum Elzevirium, 1642: 르네 데카르트, 이현복, 『성찰』, 서울: 문예출판사, 1996.

Des Jardins, J. R., *Environmental Ethics*, Singapore and the United Kingdom: International Thomson Publishing Asia, 1999: 데자르뎅, 김명식, 『환경윤

리』, 서울: 자작나무, 1999.

DeWitt, C. B., *EARTH WISE-A Biblical Response to Environmental Issues*, Michigan: CRC Publications, 1994.

DeWolf, L. H., *Responsible Freedom*, New York: Harper & Row, 1971.

Doyle, E., *St. Francis and The Song of Brotherhood*, London: Ge ge Allen & Unwin Ltd., 1980: 에릭 도일, 정현숙, 『성 프란치스코의 태양의 노래』, 경북 왜관: 분도출판사, 1994.

Edington, J. M., *Ecology and Environmental Planning*: 에딩턴, 임경택·김병환, 『생태학과 환경계획』, 일산: 동화기술, 1991.

Edwards, D., *Jesus The Wisdom Of God: An Ecological Theology*, New York: Orbis Books, 1995.

Feliks, Y., *Nature and Man in the Bible: Chapters in biblical ecology*, London: The Soncino Press. 1981.

Gobry, I., *Franz von Assisi*, Hamburg: Rowohlt Taschenbuch Verlag GmbH, 1958.

Gore, A., *Earth in the Balance*, New York: Houghton Mifflin Company, 1992: 앨 고어, 이창주, 『위기의 지구』, 서울: 도서출판 삶과 꿈, 1995.

Gottlieb, R. S., ed., *This sacred earth-religion, nature, environment*, New York: Routledge, 1996.

Guardini, R., *Die Technik und der Mensch*, Mainz: Mattias-Grünewald-Verlag, 1990: 로마노 과르디니, 전헌호, 『코모 호숫가에서 보낸 편지-기술과 인간』, 서울: 성바오로 출판사, 1998.

Habig, M. A., etd., *St. Francis of Assisi: Omnibus of Sources*, Chicago, Illinois: Franciscan Herald Press, 1972: 성 보나벤뚜라, 권숙애, 「아씨시의 성 프란치스코 대전기」, 경북 왜관: 분도출판사, 1998.

Hamilton, L. S., ed., *Ethics, Religion and Biodiversity*, Cambridge: The White

Horse Press, 1993.

Hargrove, E., *Foundation of Environment Ethics*, New Jersey: Prentice-Hall, 1988: 유진 하그로브, 김형철, 『환경윤리학』, 서울: 철학과 현실사, 1994.

Haught, J. F., *Promise of Nature: Ecology and Cosmic Purpose*, New Jersey: Paulist, 1993.

Hawley, J., & Wulf, D., *The Divine Consort: Rhada and the Goddesses of India*, Berkeley: Calif, Religious Studies Series, 1982.

Hellwig, M. K., *Guests of God*, New York: Paulist Press, 1999.

Hendry, G. S., *Theology Of Nature*, Philadelphia: The Westminster Press, 1980.

Hepper, N. F., *Illustrated encyclopedia of Bible plants: flowers and trees, fruits and vegetables, ecology*, Inter-Varsity Press, 1992.

Hessel, D. T., *For Creation's sake: Preaching, Ecology, and Justice*, Geneva: the Geneva Press, 1985.

Hessel, D. T., *Theology For Earth Community: A Field Guide*, New York: Orbis Books, 1996.

Hill, B., *Christian Faith and The Environment: Making Vital Connections*, New York: Orbis Books, 1998.

Hooykaas, K., *Religion and the Rise of Modern Science*: 호이까스, 손봉호 · 김영식, 『근대과학의 출현과 종교』, 서울: 정음사, 1989.

Hughes, J. D., *Ecology in ancient Civilizations*, Denver: University of Denver Press, 1975: 도날드 휴즈, 표정훈, 『고대 문명의 환경사』, 서울: 사이언스 북스, 1998.

Humphrey, C. R., & Buttel, F. R., *Environment, Energy and Society*, Belmont, California: Wadworth Publishing Co., 1982: 험프리 · 버틀, 양종회 · 이시재, 『환경 사회학』, 서울: 사회비평사, 1995.

Jonas, H., *Das Prinzip Verantwortung-Versuch einer Ethik für die technologische*

Zivilisation, Frankfurt: Suhrkamf, 1984: 한스 요나스, 이진우, 『책임의 원칙: 기술시대의 생태학적 윤리』, 서울: 서광사, 1994.

Keown, D., *Buddhism & Bioethics*, London: Macmillan Press Ltd., 1995: 데미언 키온, 허남결, 『불교와 생명윤리학』, 서울: 불교시대사, 2000.

Kinsley, D., *Ecology and Religion-Ecological Spirituality in Cross-Cultural Perspective*, New Jersey: Prentice-Hall, 1995.

Kong, S. L., *Chinese Culture and Lore*, Toronto: Kensington Educational, 1989.

Leopold, A., *A Sand County Almanac*, New York: Ballentine Books, 1970: 알도 레오폴드, 윤여창·이상원, 『모래땅의 사계』, 서울: 푸른숲, 1999.

Lilje, H., *Luther*, Hamburg: Rowohlt Taschenbuch Verlag GmbH, 1965.

Lindberg, D. C., & Numbers, R. L., ed., *God & Nature*, California: The University of California Press, 1986.

Lovelock, J., *The Ages of Gaia-A Biography of Our Living Earth*, Oxford: Oxford University Press, 1988.

MacDaniel, J. B., *Earth sky Gods and mortals: a Theology of ecology for the 21st century*, Connecticut: Twenty-Third Publications, 1994.

---------------., *With Roots and Wings: Christianity in an Age of Ecology and Dialogue*, New York: Orbis Books, 1995.

Mackenzie, F. D., & Mackenzie, J. A., *Our Changing Planet-An Introduction to Earth System Science and Global Environmental Change*, Hawaii: Hawaii University Press, 1995: F. D. 메켄지·J. A. 메켄지, 김예동·강성호, 『환경변화와 인간의 미래』, 서울: 동아일보사, 1997.

MacKloskey, H. J., *Environmental Ethics and Environmental Policy*, Melbourne: La Trobe University Press, 1982: 맥클로스키, 황경식·김상득, 『환경윤리와 환경정책』, 서울: 법영사, 1997.

Marti, K., *Schöpfungsglaube-Die Ökologie Gottes*, Stuttgart: Radius Verlag GmbH,

1983: 쿠르트 마르티, 이제민, 『창조신앙-하나님의 생태학』, 경북 왜관: 분도소책 63, 1995.

McDonagh, S., *To Care for the Earth-A Call to a New Theology*, London: Cassell Publishers Ltd., 1986: 숀 맥도나휴, 황종렬, 『땅의 신학』, 경북 왜관: 분도출판사, 1998.

McFague, S., *The Body Of God-An Ecological Theology*, Minneapolis: Fortress Press, 1993.

--------------, *Models Of God-Theology for an Ecological, Nuclear Age*, Minneapolis: Fortress Press, 1987.

--------------, *Super, Natural Christians-How we should love nature*, Minneapolis: Fortress Press, 1997.

Merchant, C., *Death of nature: women, ecology, and the Scientific revolution*, New York: Harper & Row, 1989.

Mick, L. E., *Liturgy and ecology in dialogue*, Minnesota: The Liturgical Press, 1997.

Moltmann, J., *Gott in der Schöpfung*, München: Kaiser Verlag, 1985: 위르겐 몰트만, 김균진, 『창조안에 계신 하나님』, 서울: 대한기독교서회, 1999.

---------- *Wer ist Christus für uns Heute?*, München: Kaiser Verlag, 1989: 위르겐 몰트만, 이신건, 『오늘 우리에게 그리스도는 누구인가』, 서울: 대한기독교서회, 1997.

---------- *Zukunft der Schöpfung*, München: Kaiser Verlag, 1978: 위르겐 몰트만, 채수일, 『그리스도가 계신 곳에 생명이 있습니다』, 서울: 대한기독교서회, 1997.

Naess, A., *Ecology, Community and Lifesyle*, Cambridge: Cambridge University Press, 1989.

Nash, J. A., *Loving Nature-Ecological Integrity and Christian Responsibility*,

Boston: The Churches's center for Theology and Public Policy, 1991.

Nasr, S. H., *Man And Nature-The Spiritual Crisis in Modern Man*, Chicago: ABC International Group, INC, 1997.

Neusner, J., *The Ecology of Religion*, Georgia: Atlanta Scholars Press, 1997.

Newton, I., *Principles*, London: Macmillan Press, 1713: 아이작 뉴턴, 조경철, 『프린시피아 1』, 서울: 서해문집, 2000.

Northcott, M., *The Environment and Christian Ethics*, Cambridge: Cambridge University Press, 1996.

Oelschlaeger, M., *The Idea of Wilderness: From Prehistory to the Age of Ecology*, New Haven: Yale University Press, 1991. 31.

Pannenberg, W., *Toward a Theology of Nature-Essays on Science and Faith*, Kentucky: Westminster/John Knox Press, 1993.

Plumwood, V., *Environmental Culture-The ecological crisis of reason*, New York: Routledge, 2002.

Primavesi, A., *From Apocalypse to Genesis: ecology, feminism and christianity*, Tunbridge Wells: Burns and Oates, 1991.

Rae, E., *Women, the Earth, the Divine*, New York: Orbis Books, 1994.

Randall, J. H., *The Making of the Modern Mind*, Boston: Houghton Mifflin, 1940.

Rasmussen, L. L., *Earth Community, Earth Ethics*, New York: Orbis Books, 1997.

Redclift, M., *Social Theory and the Global Environment*, London: Routledge, 1994: 마이클 레드클리프트, 이기홍·조재광, 『지구환경과 사회이론』, 서울: 한울 아카데미, 1994.

Reich, C. A., *The Greening of America*, New York: Random House, Inc., 1970.

Ruether, R. R., *Women Healing Earth: Third World Women on Ecology, Feminism, and Religion*, New York: Orbis Books, 1996.

------, *Gaia & God: An Ecofeminist Theology of Earth Healing*, New York: Harper Collins Publishers, Inc., 1992: 로즈마리 래드퍼드 류터, 전현식, 『가이아와 하나님-지구 치유를 위한 생태여성학적 신학』, 서울: 이화여자대학교출판부, 2002.

Sacks, J., *Faith in the Future: the Ecology of hope and the restoration of family, community, and faith*, Georgia: Mercer University Press, 1997.

Santmire, P. H., *The Travail of Nature*, Minneapolis: Fortress Press, 1985.

Schaeffer, F. A., *Pollution and the Death of Man*, Wheaton: Crossway Books, 1997: 프란시스 쉐퍼, 김진홍, 『환경오염과 인간의 죽음』, 서울: 생명의 말씀사, 1995.

Schumacher, E. F., *Small is Beautiful-A Study of Economics as if People Mattered*, London: Macmillan Press, 1973: 슈마허, 김진욱, 『작은 것이 아름답다』, 서울: 범우사, 1999.

Scott, R., & Ann, S., ed., *God in Nature: Conversations with Women Theologians about Spirituality and Ecology*, California: California State University Press, 1995.

Shiva, V., *Staying Alive-Women, Ecology and Development in India*, New Delhi, 1988: 반다나 쉬바, 강수영, 『살아남기: 여성, 생태학, 개발』, 서울: 솔 출판사, 1998.

Singer, P., *The Expanding Circle-Ethics and Sociobiology*: 피터 싱어, 김성한, 『사회생물학과 윤리』, 경기도 고양: 인간사랑, 1999.

Smith, P., *Environmental Ethics?*, New Jersey: Paulist Press, 1997.

Snyder, G., *The High Sierra of California*, Berkeley: Heyday Books, 1997.

Steck, O. H., *Welt und Umwelt*, Mainz: Benedict Press, 1978. 스텍, 박영옥, 『세

계와 환경』, 서울: 한국신학연구소, 1990.

Stewart, C. Y. Jr., *Nature in Grace-A Study in the Theology of Nature*, Georgia: Mercer University Press, 1983.

Störig, H. J., *Kleins Weltgeschichte der Philosophie*, Mainz: Benedict Press, 1970: 슈퇴릭히, 임석진, 『세계철학사』, 경북 왜관: 분도출판사, 1993.

Taylor, P. W., *The Ethics of Respect for Nature*, Wisconsin: University of Wisconsin Press, 1981.

The club of Rome's project, *The Limits to Growth*: 로마 클럽 공저, 김승한, 『인류의 위기』, 서울: 삼성문화문고 15, 1975.

Thoreau, H. D., *The Walden*, Berleley: Heyday Books, 1972: 헨리 데이비드 소로, 이창배, 『숲속의 생활』, 서울: 금성출판사, 1987.

Titus, H. H., & Smith, M. S., *Living Issues in Philosophy*, New York: Van Nostrand Company, 1974.

Trudgill, S., *Barriers to a Better Environment: What stops us Solving Environmental Problems?*, London: Belhaven Press, 1996: 스테펀 트루질, 이재영, 『환경문제의 겉과 속』, 서울: 신구문학사, 1996.

Tucker, M. E., *Worldviews and Ecology: Religion, Philosophy, and the Environment*, New York: Orbis Books, 1994.

UNEP, *Taking Action: A Guide for You and Your Community*, UNEP, 1995: 유엔환경계획, 김재범 · 지재성 · 문국현, 『녹색공동체를 위한 실천』, 서울: 나남출판사, 1997.

Van DeVeer, D., & Piece, C., *People, Penguins, and Plastic Tress*, California: Wadsworth, 1986.

Van Dyke, F., *Redeeming Creation-The Biblical Basis for Environmental Stewardship*, U. S. A: InterVarsity Press, 1993: 반 다이크 외, 유정칠, 『환경문제와 성경적 원리』, 서울: IVP. 1999.

Van Leeuwen, A., *Christianity in World History*, New York: Charles Scribner's Sons, 1965.

Von Weizsäcker, E. U., *Das Jahrhundert der Umwelt*, Frankfurt: Campus Verlag, 1999: 에른스트 울리히 폰 바이츠제커, 권정임·박진희, 『환경의 세기』, 서울: 생각의 나무, 1999.

Webb, B., *Fugitive Faith: Conversations on Spitual, Environmental, and Community Renewal*, New York: Orbis Books, 1998.

Worster, D., *Nature's Economy, Garden City*, New York: Anchor Books, 1979.

加藤 尙武(가토우 히사타케), 『環境と 倫理』, 京都: 有斐閣, 1998: 가토우 히사타케, 한귀현, 『환경윤리』, 서울: 동남기획, 2001.

國谷 純一郎(구니야 준이치로), 『自然思想史』, 東京: 三和書房, 1977: 구니야 준이치로, 심귀득·안은수, 『환경과 자연인식의 흐름』, 서울: 고려원, 1992.

間瀨 啓允(마세 히로마사), 『エコロヅーと 宗敎』, 東京: 岩波書店, 1996.

松井 孝典(마쓰이 다카후미), 『サンサーラ』, 東京: 岩波書店, 1990:

마쓰이 다카후미, 김원식, 「지구, 46억년의 고독」, 서울: 푸른미디어, 2000.

和田 式(와사 다케시), 『地球環境論』, 京都: 昌元社, 1990: 와사 다케시, 박헌렬, 『지구 환경론』, 서울: 도서출판 예경, 1992.

• 저자 •

• 소기석(蘇起奭)　　약 력

　　　　　　　　　　전남대학교 철학과 졸업
　　　　　　　　　　서울대학교 대학원 종교학과 석사과정 졸업(문학석사)
　　　　　　　　　　동 대학원 박사과정 졸업(철학박사)
　　　　　　　　　　전남대, 광주교육대, 광주대, 목포해양대 강사

　　　　　　　　　　주요 논저

　　　　　　　　　　"토마스 아퀴나스의 존재와 본질에 관한 연구"
　　　　　　　　　　"후기 비트겐슈타인의 종교언어관"
　　　　　　　　　　"존 캅의 '과정 중 대안'으로서의 종교다원주의에 관한 연구"

　　　　　　　　　　외 다수

현대 환경윤리에 대한 종교학적 연구

• 초판 인쇄　2005년 6월 10일
• 초판 발행　2005년 6월 15일

• 지 은 이　소기석
• 펴 낸 이　채종준
• 펴 낸 곳　한국학술정보㈜
　　　　　　경기도 파주시 교하읍 문발리
　　　　　　파주출판문화정보산업단지 526-2
　　　　　　전화 031) 908-3181(대표)·팩스 031) 908-3189
　　　　　　홈페이지 http://www.kstudy.com
　　　　　　e-mail(e-Book사업부) ebook@kstudy.com
• 등　　록　제일산-115호(2000. 6. 19)
• 가　　격　21,000원

ISBN　89-534-2355-4 93200 (paper book)
　　　　89-534-2356-2 98200 (e-book)